New Version対応

新TOEIC® TEST リスニング問題集

ビッキー・グラス 著

Jリサーチ出版

TOEIC is a registered trademark of Educational Testing Service (ETS).
This publication is not endorsed or approved by ETS.

はじめに

　新TOEIC TESTにようこそ！　本書はNew Versionテストのリスニング・セクションの理解を深め、高得点取得を目指す方のために作成されたものです。リスニング・セクションの模擬テストを3回分収録しています。

◆Part 3とPart 4がより実践的に

　新テストのリスニング・セクションには一部変更が加えられました。Part 1（写真描写問題）が20問から10問に削減され、代わりにPart 4（説明文問題）が20問から30問に増えました。Part 3（会話文問題）とPart 4（説明文問題）はどちらも問題文が長くなり、1つの問題文に3つの設問が出題されるようになりました。ビジネス関連の言い回しや慣用表現も数多く盛り込まれ、リスニングのテストとしては旧Versionより確実に難しくなったと言えます。

　しかし、簡単にできる対策もあります。Part 3とPart 4の最初の設問では、「話し手は何について話しているか」、「話し手はどこにいるか」といった全般的な状況を問うものがよく出題されます。問題文に出てくるキーワードを聞き取ることができれば、比較的容易に答えることができます。また、この両Partは設問と選択肢が印刷されているので、音声が流れる前に設問を読んでおくのが基本です。そうすれば、設問に対応する情報さえ聞き取れれば正解を導けます。

◆さまざまな英語の発音に対応する

　New Versionでは音声面の変更もあります。国際的なビジネス現場において用いられるバラエティに富んだ英語を反映するため、アメリカ、イギリス、カナダ、オーストラリアの4カ国の音声でテストが行われるようになりました。

　各国の発音は地域性が極端に強いものはありませんが、異なるタイプの英語の発音に慣れておかないと戸惑うかもしれません。アメリカ英語で勉強をされてきた方には、イギリスとオーストラリアのニュース番組を聞くことをお勧めします。

◆集中して聞く、あれこれ悩まない

　リスニング・セクション全般に対するアドバイスとしては、①集中して注意深く聞くこと、②聞き取れない問題があってもあれこれ悩まず次の問題へ向けて態勢を整えること、です。

　また、準備学習を進めているときにも、テストを受けているときにも、スコアアップに対する強い意識を持つことが大切です。成功への第一歩は、「絶対に高得点を取るんだ！」という確固たる信念から始まるのです。

　皆さんが本書で十分な学習を重ね、TOEICで高得点を獲得できることを心より願っています。

Vicki Glass

CONTENTS

はじめに ……………………………………………………… 2
リスニング・セクションを制するための10箇条 ……………… 6
本書の利用法 ………………………………………………… 10

| 正解・解説 |

模擬テスト1 ……………………………………………… 13
　　Part I ………… 14 ／ Part II ………… 20
　　Part III ………… 36 ／ Part IV ………… 56

模擬テスト2 ……………………………………………… 77
　　Part I ………… 78 ／ Part II ………… 84
　　Part III ………… 100 ／ Part IV ………… 120

模擬テスト3 ……………………………………………… 141
　　Part I ………… 142 ／ Part II ………… 148
　　Part III ………… 164 ／ Part IV ………… 184

コラム
応答問題の注意したいパターン ①·····························76
　　　　　　　　　　　　　　② ·····························140

問題　別冊

模擬テスト1 ·· 1
　Part I ··········2／Part II ···········7
　Part III ········11／Part IV ··········21

模擬テスト2 ·· 31
　Part I ··········32／Part II ···········37
　Part III ········41／Part IV ··········51

模擬テスト3 ·· 61
　Part I ··········62／Part II ···········67
　Part III ········71／Part IV ··········81

リスニング・セクションを制するための10箇条

4つのパート別に解法のポイントをまとめました。
準備学習・直前対策に利用しましょう。

PART I：写真描写問題

①写真の場所・状況を把握せよ

　問題が流れる前に写真にさっと目を通し、そこに写っている人たちが何をしているのか、その背景は何なのか、という全体的な状況を把握しておこう。設問で問われるのは、人物の行動・物の動き・位置関係である。

②動詞と名詞に注意せよ

　各選択肢は、写真の状況を1文で説明する。この説明文の動詞や名詞（主語・目的語）を的確に聞き取れば正解にたどりつける。動詞はlook out、pick upなどのイディオムも頻出するので、人の行動や物の動きを表す基本的な動詞句をあらかじめ覚えておきたい。

PART II：応答問題

③冒頭から質問内容を判別せよ

　どんな質問かは、冒頭の言葉に集約されていることが多い。特に、疑問詞疑問文では、5W1H (who, when, where, what, why, how) およびwhichのどれが聞かれているかを把握することがカギになる。なお、whatならwhat time、whichならwhich floor、howならhow many timesなど直後の言葉にも注意を払いたい。

④特殊な疑問文に注意せよ

　付加疑問文・否定疑問文は、応答が肯定ならYes、否定ならNoで答える。Do you mind ～?は、応答が肯定ならNo、否定ならYesで答える。また、Can you tell me what time is convenient for you?なら、質問の主対象であるwhat timeに答える。

⑤Yes / No question は「ひねり」を見抜け

　質問の形はYes / Noの応答を求めるように見えても、実際は相手に依頼したり（Can you ～? / Could you ～?）、許可を求めたり（May I ～?）、勧誘したり（Shall we ～?）と、応答がYes / NoにならないパターンがTOEICでは多い。また、Yes / Noで答えられる場合でも、あえて別の応答をすることがある。

PART III：会話問題 ＋ PART IV：説明文問題

⑥前もって設問を読んでおこう [Parts 3 & 4]

　Part 3とPart 4の設問・選択肢は問題用紙に印刷されているので、前もってさっと目を通しておこう。設問だけを把握しておくだけでもいい（特に疑問詞）。ただし、数字や曜日など、短い選択肢は目を通しておくほうがいい。数字や曜日などがターゲットになる場合には、会話や説明文に複数のものが出てくることがほとんどだからだ。

⑦効率的な解答パターンを身につけよう [Parts 3 & 4]

　Part 3とPart 4の解答時間は設問1問につき8秒。また、各設問は音声でも読まれる。ただ、前もって設問を読んでおけば、24秒（8秒×3問）より少ない時間で解答できるはず。余った時間は次の問題の設問を読む時間に回そう。設問の音声に合わせて解答する必要はない。また、設問がターゲットにする情報は、問題文の中で設問の順番に出てくることがほとんどである。

⑧パラフレーズに要注意 [Parts 3 & 4]

　正解の選択肢は会話や説明文とは異なった表現が使われていることが多い。＜one week → seven days＞、＜go up → increase＞、＜bill → invoice＞などである。こうした言い換え（パラフレーズ）は、リスニング・セクションでは比較的単純なものが大半なので、慣れれば気にならなくなるだろう。

PART III：会話問題 ＋ PART IV：説明文問題

⑨ビジネス会話に慣れておこう [Part 3]

　New Versionでは会話が長くなり、ビジネスの基本語や慣用表現も多く盛り込まれるようになった。電話の応対、会社の訪問、アポの変更、出張のスケジュール、報告書の締め切り、プレゼンの準備、顧客のクレームなど、よくあるビジネスの会話シーンに慣れておくと対応しやすくなる。会話はA→B→A→Bの2往復がほとんどで、A→B→Aの1往復半のパターンは2～3題程度である。話者とその他の登場人物それぞれの行動とそれが過去・現在・未来のいずれなのかに注意して聞きたい。

⑩説明文のシーンに習熟しよう [Part 4]

　Part 4のアナウンスは、各シーンによって共通の流れがあるうえ、表現も似通っている。「空港・機内のアナウンス」「美術館・観光地・工場のツアー」「留守番電話・音声案内」「天気予報・交通情報」「講演会・授賞式でのスピーチ」「コマーシャル」などは頻出である。これら各シーンに慣れておくと、ぐんと聞き取りやすくなる。「どこで話されているか」という設問は必ず出る。

本書の利用法

本書はTOEICのリスニング・セクションの実践練習を目的とした問題集です。本番と同じ100の設問から成る「模擬テスト」3セットで構成されています。問題文のアナウンスは2枚のCDに収録されています。
「問題」は別冊に、「正解・解説」は本体に収録されています。

■ (別冊) 模擬テスト＞問題

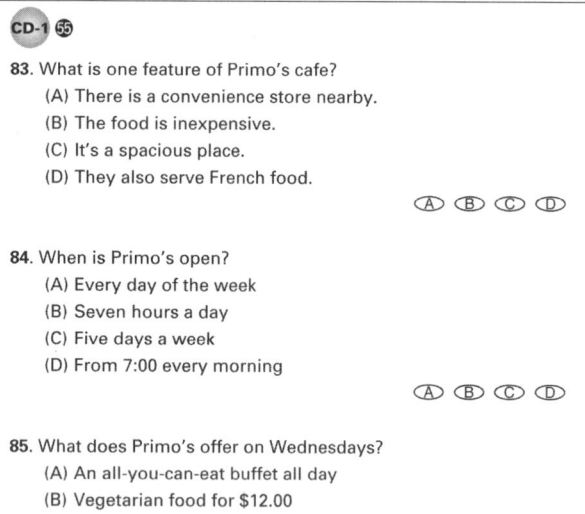

◎ トラック番号：

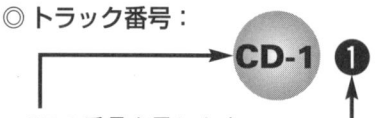

CDの番号を示します。
各CDのトラック番号を示します。トラックは復習に便利なように、Part 1 は2問単位、Part 2は1問単位、Part 3とPart 4は会話・説明文1題単位で区切ってあります。

■ 模擬テスト＞正解・解説

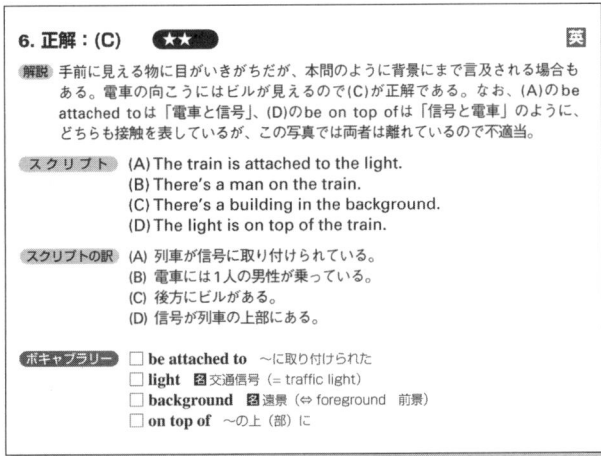

◎ **正解・解説**：解答プロセスが理解できるように詳しい解説を加えました。
◎ **難易度**：★の数で表します。

　　　　★：基礎／★★：標準／★★★：高度
◎ **英語の国籍**：米（アメリカ）・英（イギリス）・豪州（オーストラリア）・
　　　　カ（カナダ）の音声を表示します。
◎ **スクリプト**：放送される問題文の英文スクリプトです。聴き取れなかった
　　　　部分をチェックするのにご利用ください。
◎ **スクリプト訳**：スクリプトの全訳です。
◎ **設問・選択肢訳**：設問と選択肢も全訳を掲載します。
◎ **ボキャブラリー**：頻出する単語・熟語・慣用表現をピックアップしまし
　　　　た。知らないものはしっかり復習しておきましょう。

模擬テスト 1

《正解・解説》
Part I ……………14
Part II ……………20
Part III …………36
Part IV …………56

問題 ▶ 別冊1ページ

PART I ▶ 正解・解説

CD-1 ③

1. 正解：(C) ★★ 米

解説 日本語の「ボタン」の発音に慣れていると button [bʌ́tən] が聞き取れなかったかもしれない。しかも接頭辞の un- が付いており、その発音は非常に弱いのでさらに難しくなっている。The man is と The man's の聞き取りに注意。ここを聞き間違えてしまうと解答に迷う原因となる。

スクリプト
(A) The man is writing the news.
(B) The man is holding a fan.
(C) The man's suit jacket is unbuttoned.
(D) The man's tie is tucked in his jacket.

スクリプトの訳
(A) 男性はニュースを書いている。
(B) 男性はうちわを持っている。
(C) 男性のスーツの上着はボタンがとめられていない。
(D) 男性のネクタイが上着にたく込まれている。

ボキャブラリー
☐ **fan** 名 うちわ　　☐ **unbutton** 動 ボタンをはずす
☐ **tuck** 動 (すそ・へりを) 押し込む；たく込む

---

2. 正解：(A) ★★ 英

解説 写真に2人の人物。どちらか一方について問われるか、または双方の位置関係が問われるなどいろいろなパターンが考えられる。本問では(A)が女性、(B)が男性、(C)と(D)が双方を描写をしている。書類を入れる鞄を briefcase (ブリーフケース) という。

スクリプト
(A) The woman is carrying a briefcase.
(B) The man is walking away from the woman.
(C) The man and woman are holding hands.
(D) The man and woman are leaning over the fence.

スクリプトの訳
(A) 女性はブリーフケースを持っている。
(B) 男性が女性から歩いて遠ざかっている。
(C) 男性と女性が手を握り合っている。
(D) 男性と女性がフェンスに寄りかかっている。

ボキャブラリー
☐ **briefcase** 名 書類入れ；ブリーフケース
☐ **walk away from** ～から歩いて遠ざかる
☐ **hold hands** 手を握り合う
☐ **lean over** ～に寄りかかる；もたれる

写真描写問題

CD-1 ④

3. 正解：(D) ★★ 豪

解説 (A)の a cup of coffee、(C)の the computer keyboard は確かに写真中に見られるが、男性の行為がいずれも不適切。(D)のように、男性は両方の手をラップトップ・コンピュータに触れている（has both hands on the laptop computer）。なお、(B)の plug in は「（電源コードを）コンセントに差し込む」の意。日本語で通常使うカタカナ語とは違う表現なのできちんと覚えたい。

スクリプト
(A) The man has a cup of coffee in his lap.
(B) The man is plugging in the power cord.
(C) The man is typing on the computer keyboard.
(D) The man has both hands on the laptop computer.

スクリプトの訳
(A) 男性は膝にコーヒーを置いている。
(B) 男性は電源コードをコンセントに差し込んでいる。
(C) 男性はコンピュータのキーボードを打っている。
(D) 男性は両手でラップトップ・コンピュータに触れている。

ボキャブラリー
☐ **lap** 名 膝
☐ **plug in** ～をコンセントに差し込む
☐ **power cord** 電源コード   ☐ **type** 動 タイプする
☐ **laptop computer** ラップトップ・コンピュータ

---

4. 正解：(B) ★ カ

解説 動詞と目的語を正確に聞こう。写真は4人が自転車に乗って一緒に走っているので、racing bicycles（自転車競技をしている）とする(B)が正解である。(C)の rolling down a hill は「坂道を駆け下る」の意。

スクリプト
(A) They are pushing carts.
(B) They are racing bicycles.
(C) They are rolling down a hill.
(D) They are buying new bikes.

スクリプトの訳
(A) 彼らはカートを押している。
(B) 彼らは自転車競技をしている。
(C) 彼らは坂道を下っている。
(D) 彼らは新しい自転車を買っている。

ボキャブラリー
☐ **cart** 名 手押し車；カート
☐ **roll down** ～を転がり落ちる；駆け下る
☐ **hill** 名 坂道；丘   ☐ **bike (= bicycle)** 名 自転車

PART I ▶ 正解・解説

CD-1 ⑤

5. 正解：(A) ★★ 米

解説 まず主語の正確な聞き取りが必要である。Two of them なのか They なのか。ここでは Two of them が have their jackets off（上着を着ていない）とする(A)が正解。なお、単語の知識が大きく関わるのが(C)の single-file（一列縦隊の）で、右奥の男性がファイルを持っているので迷うかもしれない。

スクリプト
(A) Two of them have their jackets off.
(B) They are all shaking hands.
(C) They are in a single-file line.
(D) Two of them have sleeveless shirts.

スクリプトの訳
(A) 彼らのうち2人が上着を着ていない。
(B) 彼らは全員握手をしている。
(C) 彼らは一列縦隊で並んでいる。
(D) 彼らのうち2人が袖なしシャツを着ている。

ボキャブラリー
- □ off 副 脱いで
- □ single-file 形 一列縦隊の
- □ sleeveless 形 袖のない
- □ shake hands 握手する
- □ line 名 列

---

6. 正解：(C) ★★ 英

解説 (A)は There are cars、(B)は point straight ahead、(D)は post bends という部分が聞き取れたならば、比較的簡単に除外できるはず。post（柱；支柱）に3つの signs（標識）があるとする(C)が正解。

スクリプト
(A) There are cars parked next to the sign.
(B) The arrows on the sign point straight ahead.
(C) There are three signs on the post.
(D) The sign post bends to the right.

スクリプトの訳
(A) 標識のすぐそばに駐車した車がある。
(B) 標識の矢印がまっすぐ前方を指している。
(C) 支柱には3つの標識がある。
(D) 標識の支柱は右に曲がっている。

ボキャブラリー
- □ park 動 駐車する
- □ sign 名 標識；看板
- □ point 動 （指などで）位置方角を示す
- □ ahead 副 前方に
- □ post 名 （支え・掲示用などの）柱；支柱
- □ bend 動 （〜の方向に）曲がる
- □ next to 〜のすぐそばに；隣に
- □ arrow 名 矢印

写真描写問題

7. 正解：(D) ★★ 豪

解説 (B)のbranch（枝）をbench（ベンチ）と聞き違えると、これを選んでしまうかもしれない。have [get / grab] a biteは「軽い食事をとる」の意で、男性2人は何かを食べているように見えるので、(D)が正解である。

スクリプト
(A) The men are feeding birds.
(B) The men are sitting on a branch.
(C) They are picking up trash.
(D) They are having a bite to eat.

スクリプトの訳
(A) 男性たちが鳥にエサを与えている。
(B) 男性たちが枝に座っている。
(C) 彼らはごみを拾い上げている。
(D) 彼らは食事をしている。

ボキャブラリー
- □ **feed** 動 食べ物［えさ］を与える
- □ **branch** 名 枝
- □ **trash** 名 ごみ
- □ **pick up** 〜を拾い上げる
- □ **have a bite** 軽い食事をとる

---

8. 正解：(B) ★★ 加

解説 (B)のside by side（並んで）、(D)のstacked up（重なった）を聞き取れるかどうかがポイントになる。

スクリプト
(A) The planes are flying together.
(B) The planes are side by side.
(C) The planes are displaying sails.
(D) The planes are all stacked up.

スクリプトの訳
(A) 飛行機が一緒に飛んでいる。
(B) 飛行機が並んでいる。
(C) 飛行機が帆を広げている。
(D) 飛行機がすべて重なっている。

ボキャブラリー
- □ **plane** 名 飛行機
- □ **display** 動 広げる；展示する
- □ **stack up** 積み重ねる
- □ **side by side** 並んで
- □ **sail** 名 （船の）帆；帆に似たもの

PART I ▶ 正解・解説

CD-1 ❼

9. 正解：(C)

解説 並んでいるバスの左側がまだ空いているので、「unused parking space（使われていない駐車スペース）がある」とする(C)が正しい。なお、(A)のpull out ofは「〜から出発する；出てくる」の意。

スクリプト
(A) The buses are pulling out of the station.
(B) Passengers are boarding the buses.
(C) There is an unused parking space.
(D) The parking lot is full.

スクリプトの訳
(A) バスが停留所から出ようとしている。
(B) 乗客がバスに乗り込んでいる。
(C) 使われていない駐車スペースがある。
(D) 駐車場はいっぱいだ。

ボキャブラリー
- **pull out of** （列車・バスなどが）〜から出発する
- **passenger** 名乗客；旅客
- **board** 動乗り込む
- **parking lot** 駐車場

写真描写問題

10. 正解：(D) ★★

解説 (D)のpedestrian（歩行者）が理解できれば、crosswalk（横断歩道）の中にいることから、これを選べるだろう。(A)はwalking on the side、(B)はpainting lines、(C)はstopped inside the crosswalkがそれぞれこの写真を描写するには不適切。

スクリプト
(A) The executive is walking on the side of the road.
(B) The man is painting lines in the road.
(C) The cars have stopped inside the crosswalk.
(D) The pedestrian is in the middle of the crosswalk.

スクリプトの訳
(A) 経営者が道の端を歩いている。
(B) 男性が道路に線を引いている。
(C) 車が横断歩道の内側に止まった。
(D) 歩行者が横断歩道の真ん中にいる。

ボキャブラリー
- executive 名経営幹部；重役
- crosswalk 名横断歩道
- in the middle of ～の真ん中に
- paint 動ペンキを塗る
- pedestrian 名歩行者

PART II ▶ 正解・解説

CD-1 ⑨

11. 正解：(C) ★　　　　　　　　　　　　　　　　　　　　　　米→英

解説 caféの発音に注意。Where can I find ...?は「〜はどこにありますか」の意の定型表現。findはここでは「探す」という意味ではないので、(A)のloseは不適当。場所を答えたものは(C)のみ。

スクリプト　Where can I find a good café around here?
(A) I didn't lose it.
(B) I've never eaten there before.
(C) There's one around the block.

スクリプトの訳　このあたりではどこにいいカフェがありますか。
(A) 私はそれをなくしてはいません。
(B) 私はそこで以前に食事をしたことはありません。
(C) このブロックに1軒あります。

ボキャブラリー　□ **café** [kæféi]　名 カフェ（歩道に張り出したカフェテラス付きレストラン）
□ **around**　前 〜の近くに

CD-1 ⑩

12. 正解：(C) ★★　　　　　　　　　　　　　　　　　　　　　　英→米

解説 質問文の主語はthat。平叙文にしてみるとわかりやすい（→That isn't Karen Hampton.）。(C)は、元々I don't think (that) that is Karen Hampton.という形であったのが、that以下がsoに置き換えられ、この形になったと考える。

スクリプト　Isn't that Karen Hampton in that photo?
(A) Yes, it is a photo.
(B) No, she isn't.
(C) I don't think so.

スクリプトの訳　その写真に写っているのはカレン・ハンプトンではないですか。
(A) はい、それは写真です。
(B) いいえ、彼女はそうではありません。
(C) そうではないと思います。

ボキャブラリー　□ **photo** [fóutou]　名 写真

応答問題

13. 正解：(A) ★★

解説 How do I ...?は方法を聞いている。(A)のbyは「手段・方法」を表す前置詞で、解答の大きなヒントとなる。fill out（記入する）はビジネスの頻出表現。

スクリプト
How do I apply for a loan at your bank?
(A) By filling out these forms.
(B) I'll loan it to you.
(C) Between 9 a.m. and 5 p.m.

スクリプトの訳
そちらの銀行では、どのようにしてローンに申し込むのですか。
(A) この申込書に記入してください。
(B) それをあなたにお貸ししましょう。
(C) 午前9時から午後5時の間です。

ボキャブラリー
- apply for　～に申し込む
- loan　名 貸付金；ローン
- fill out　(用紙・空所に) 記入する
- form　名 (空所に記入する) 申込用紙

---

14. 正解：(B) ★★

解説 informativeという単語が難しいかもしれない。万一informativeという単語がわからなければ、付加疑問文を手がかりに解答したい。付加疑問文＜～, wasn't it?＞（～でしたね）は、相手に同意または意見を求める。

スクリプト
That was an informative seminar, wasn't it?
(A) He wasn't there today.
(B) I really didn't learn much.
(C) Look at the information sheet.

スクリプトの訳
勉強になるセミナーでしたね。
(A) 今日、彼はそこにいませんでした。
(B) 私はそれほど学びませんでした。
(C) 情報シートを見てください。

ボキャブラリー
- informative　形 有益な；情報量の多い
- seminar　名 研究会；セミナー
- information sheet　情報シート；報告書

PART II ▶ 正解・解説

CD-1 ⓭

15. 正解：(C) ★★ 　　　　　　　　　　　　米 ➡ 力

解説 submit（提出する）、report（リポート）、ready（準備ができている）の理解および聞き取りがポイントになる。

スクリプト　Did you submit your report today?
(A) Yes, I don't mind.
(B) Yes, it is a nice day.
(C) No, it's not ready.

スクリプトの訳　今日、レポートを提出しましたか。
(A) はい、私はかまいません。
(B) はい、いい天気ですね。
(C) いいえ、まだそれはできあがっていません。

ボキャブラリー
☐ **submit** 動 提出する　　　　☐ **mind** 動 嫌だと思う；迷惑に思う
☐ **ready** 形 準備ができた

CD-1 ⓮

16. 正解：(B) ★★ 　　　　　　　　　　　　力 ➡ 米

解説 have a day off（休暇を取る）は、ビジネスの頻出表現。in weeksは「数週間のうちに」の意で、inは期間の経過を表す前置詞。質問文ではI haven't had ... と完了形を使っているので、＜Neither + V + S＞で答えるときにVの位置にはhaveがくる。なお、(A)のように肯定文にすると、「私も休暇を取っている」となり、質問とかみ合わない。

スクリプト　I haven't had a day off in weeks.
(A) I have too.
(B) Neither have I.
(C) Neither am I.

スクリプトの訳　私は数週間休みを取っていません。
(A) 私も取っています。
(B) 私も取っていません。
(C) 私もです。

ボキャブラリー
☐ **day off** 休日
☐ **neither** 接《否定文［節］に続いて、否定文を作って》～もまた…ない

応答問題

17. 正解：(A)　　★　　　　　　　　　　　　　　　英 ➡ 豪

解説 Whyで始まる疑問文にはYes / Noで答えることはできない。(B)のturnは「曲がる」の意で、質問文のturn off（停止させる）とは意味が異なる。(A)は過去進行形の受動態という複雑な動詞の形になっている。

スクリプト　Why was the alarm system turned off?
(A) It was being repaired.
(B) We turned the corner.
(C) Yes, that's the switch.

スクリプトの訳　なぜ警報システムが停止していたのですか。
(A) 修理中だったからです。
(B) 私たちは角を曲がったからです。
(C) はい、それがスイッチです

ボキャブラリー
- **alarm system** 警報装置
- **turn off** （明かり・テレビなどを）消す；切る
- **repair** 動 修理する　　　　　　**turn** 動 曲がる
- **corner** 名（道の）曲がり角　　**switch** 名 スイッチ

18. 正解：(C)　　★　　　　　　　　　　　　　　　豪 ➡ 英

解説 tellは＜tell + O + to do＞という形で用いると、「Oにdoしなさいと言う」の意になる。これは同じ形をとるaskやrequireより強い命令である。Whenでたずねた文に対しては、(C)のみが「時」を答えた応答となっている。

スクリプト　When can I tell Dave to start the work?
(A) In the desk.
(B) It'll work.
(C) On Monday.

スクリプトの訳　いつデイブに仕事を始めるように言うことができますか。
(A) 机で。
(B) それは効果があるでしょう。
(C) 月曜日に。

ボキャブラリー
- **work** 動 有効に作用する；うまくいく

PART II ▶ 正解・解説

CD-1 ⓱

19. 正解：(C)　★　　　　　　　　　　　　　　　米 ➡ 英

解説 When will ...?と未来の時についてたずねている。(C)のinには「今から〜の後に」の意味がある。(B)は過去のことについて言及したもので不適当。

スクリプト　When will the next train arrive?
(A) No, I took the bus.
(B) That's when he arrived.
(C) In a couple of minutes.

スクリプトの訳　次の列車はいつ到着しますか。
(A) いいえ、私はバスに乗りました。
(B) それは彼が到着したときです。
(C) 2分後です。

ボキャブラリー　☐ **a couple of**　2つの〜；2人の〜

CD-1 ⓲ --

20. 正解：(A)　★★　　　　　　　　　　　　　英 ➡ 米

解説 be動詞で始まる疑問文なので、Yes / Noでの応答が可能。主語はthe fileなので、それを代名詞にしたものがitである。

スクリプト　Is this the file that I'm supposed to send?
(A) No, it's the other one.
(B) I received the letter.
(C) Yes, they are.

スクリプトの訳　これが、私が送ることになっているファイルですか。
(A) いいえ、もう1つのほうです。
(B) 私は手紙を受け取りました。
(C) はい、それらはそうです。

ボキャブラリー
☐ **file**　名 ファイル；書類一式
☐ **be supposed to do**　〜することになっている；〜するべきである
☐ **other**　名《通例the 〜》残りの；もう一方の
☐ **receive**　動 受け取る

応答問題

21. 正解：(C) ★

解説 質問文冒頭のWhenを聞き取れれば、(B)と(C)に絞ることができる。質問文の主語はthe pamphletなので、主語がIの(B)は不適当。

スクリプト When will the pamphlet be ready for distribution?
(A) Yes, it's a pamphlet.
(B) I'll be ready in a minute.
(C) In about two weeks.

スクリプトの訳 パンフレット配布の準備はいつできますか。
(A) はい、それはパンフレットです。
(B) 私はすぐに用意ができます。
(C) 約2週間後です。

ボキャブラリー
- □ **pamphlet** 名 パンフレット
- □ **distribution** 名 配分；配布
- □ **ready** 形 準備ができた
- □ **in a minute** すぐに

---

22. 正解：(B) ★★★

解説 Wh-Questionなので、Yes / Noで答えることはできない。また、主語がthe companyなので、heで答えている(A)も不適当。質問文はthe companyと聞いて、その応答がthey（companyを集合名詞として複数で受ける）となっているところが難しい。merger（合併）はぜひ覚えておきたい単語である。

スクリプト What will the company do about the merger?
(A) I don't know what he does for the company.
(B) They're planning to go through with it.
(C) Yes, that's a very good idea.

スクリプトの訳 合併について会社はどうするつもりですか。
(A) 彼が会社に対してどうするか私は知りません。
(B) 彼らはそれをやり通すようです。
(C) はい、それはとてもいい考えですね。

ボキャブラリー
- □ **merger** 名（企業の）吸収・合併
- □ **go through with** 〜をやり抜く；成し遂げる

PART II ▶ 正解・解説

CD-1 ㉑

23. 正解：(C) ★   米 ➡ 力

解説 Where から場所を問う質問であることをまず聞き取る。場所に関係する応答は(C)のみ。「弁護士」は lawyer のほかに attorney という言葉もある。lawyer の発音に注意。

スクリプト Where is Mr. Jenkin's file?
(A) He's a lawyer.
(B) It's about finances.
(C) It's on my desk.

スクリプトの訳 ジェンキンさんのファイルはどこですか。
(A) 彼は弁護士です。
(B) それは経営についてです。
(C) それは私の机の上です。

ボキャブラリー
- **file** 名 ファイル；書類一式
- **lawyer** [lɔ́:jər] 名 弁護士；法律家
- **finances** 名 財源；歳入

CD-1 ㉒

24. 正解：(C) ★★   力 ➡ 米

解説 質問文が Who で始まっているので、(B)の Mr. Hughes が紛らわしい。しかし、質問文が replace Mr. Hughes とヒューズさんの代わりになる人を聞いているのに、(B)はヒューズさんが後任者になっているので不適当。なお、(C)のように「計画などが決まっていない」ことは (up) in the air とも言う。

スクリプト Who will replace Mr. Hughes as general manager?
(A) Yes, he is a general.
(B) Mr. Hughes will be a good replacement.
(C) It hasn't been decided yet.

スクリプトの訳 統括部長としてヒューズさんの代わりにだれがなるのですか。
(A) はい、彼は将軍です。
(B) ヒューズさんがいい後任者になるでしょう。
(C) まだ決まっていません。

ボキャブラリー
- **replace** 動 〜の後任となる
- **general manager** 名 統括部長
- **general** 名 将軍
- **replacement** 名 後任者；代わりの人
- **decide** 動 決心する；決定する

応答問題

25. 正解：(A) ★★★

解説 not that I know of（私の知る限りそうではない）を知らないと、正解を導くのは難しいかもしれない。thatは関係代名詞で、Iに強勢が置かれる。know ofは「人から聞いて間接的に知っている」の意。

スクリプト Is there anything on the agenda this afternoon?
(A) No, not that I know of.
(B) Yes, that is the agenda.
(C) No, it's in the morning.

スクリプトの訳 今日の午後に協議事項となっていることはありますか。
(A) いいえ、知る限りでは何もありません。
(B) はい、それが日程です。
(C) いいえ、それは朝にあります。

ボキャブラリー
- **agenda** 名 協議事項；議事（日程）
- **not that I know of** 私の知る限りそうではない

---

26. 正解：(B) ★★

解説 質問文のcallは「通話」の意の名詞。(A)の選択肢中にあるようにcallには「〜と呼ぶ」という動詞の用法もある。(C)のように、Noで答えてその後が肯定文になることはない。(B)はJust one (call) from the clientとoneの後にcallが省略されている。

スクリプト There weren't any calls for Mr. Mansfield, were there?
(A) Yes, that's what he's called.
(B) Just one from the client.
(C) No, there were many.

スクリプトの訳 マンスフィールドさんに電話はありませんでしたよね。
(A) はい、彼はそう呼ばれています。
(B) お客様から1件だけありました。
(C) いいえ、たくさんありました。

ボキャブラリー
- **call** 名 電話をかけること；通話　動 電話をかける；〜と呼ぶ
- **client** 名 顧客；クライアント

PART II ▶ 正解・解説

27. 正解：(A) ★　　　　　　　　　　　　　　　　　　　　　　米 ➡ 英

解説 confirm the flight は「飛行機の便（の席）を確認する」の意。出張の場面では頻出の表現である。reconfirm（再確認する）もよく使う。When で始まる疑問文だが、時を表している選択肢は(A)のみ。

スクリプト When should I confirm the flight?
(A) As soon as possible.
(B) The flight has been delayed.
(C) Yes, that will be fine.

スクリプトの訳 いつ飛行機の便を確認すればいいですか。
(A) できるだけ早く。
(B) 便が遅れました。
(C) はい、それでけっこうです。

ボキャブラリー
- confirm 動 確認する
- flight 名 飛行機の便；フライト
- delay 動 遅らせる；遅延させる

---

28. 正解：(C) ★★　　　　　　　　　　　　　　　　　　　　　　英 ➡ 米

解説 What is the name of hotel でホテル名を聞いている。修飾語句（where the seminar is being held）に惑わされると、(A)のin San Francisco を選んでしまうかもしれない。質問は冒頭が一番肝心なので、後に続く修飾語句に気を取られないようにしたい。let you know（お知らせします）は頻出表現。

スクリプト What is the name of the hotel where the seminar is being held?
(A) It's being held in San Francisco.
(B) Yes, that's the name of the hotel.
(C) I'll find out and let you know.

スクリプトの訳 セミナーが催されているホテルの名前は何ですか。
(A) それはサンフランシスコで開催されています。
(B) はい、それがそのホテルの名前です。
(C) 調べてお伝えします。

ボキャブラリー
- seminar 名 研究会；セミナー
- hold 動 （会・式などを）行う；開催する
- let + O + do O に〜させる

応答問題

CD-1 ㉗

29. 正解：(B) ★★★ 豪→カ

解説 Whenで時を尋ねている。(A)は時を答えたものだが、質問文は具体的な時間をたずねているのに対し、it's the best time ...と質問内容への応答がない。また、質問文のoverseas branchと(A)のopen a branchの聞き分けも紛らわしい。

スクリプト When is the best time to call our overseas branch?
(A) I don't think that it's the best time to open a branch.
(B) Between 2:00 and 4:00 in the afternoon.
(C) I had the best time over there.

スクリプトの訳 私たちの海外支店にはいつ電話するのが一番いいですか。
(A) 支店を開店するのに一番よい時だとは思いません。
(B) 午後2時から4時の間です。
(C) そこで最高に楽しみました。

ボキャブラリー ☐ **overseas** 形 海外にある　　☐ **branch** 名 支店

CD-1 ㉘

30. 正解：(C) ★★ カ→豪

解説 Whereという場所を尋ねる質問文に対しては、直接的ではないが(C)が場所を暗示する答えとなっている。「提案をする」はmake [offer] a proposal。

スクリプト Where can I get a copy of the proposal?
(A) The proposal was made yesterday.
(B) Tomorrow at the earliest.
(C) Ask the division manager for one.

スクリプトの訳 その提案の写しをどこでもらうことができますか。
(A) 昨日、提案がなされました。
(B) 早くても明日です。
(C) 事業部長に頼んでください。

ボキャブラリー ☐ **proposal** 名 申し込み；提案　　☐ **at the earliest** 早くとも
☐ **division manager** 名 事業部長

PART II ▶ 正解・解説

CD-1 ㉙

31. 正解：(A) ★★★ 米→カ

解説 (A)のif I were youは仮定法。「もし私があなたの立場だったら…」という現実に反する仮定を表している。現在の状況に反する仮定なので、動詞を過去形にしているところがポイント。good timeは「よい時期」だが、(C)のhave a good timeだと「よい時間を過ごす」の意になる。また、marketにも複数の意味があり、質問文は「市場（しじょう）」だが、(B)は「市場（いちば）」という意味である。

スクリプト Is it a good time to invest in the market?
(A) I would wait a while if I were you.
(B) I didn't go to the market today.
(C) We always have a really good time.

スクリプトの訳 今は市場に投資するのによい時期ですか。
(A) 私がもしあなただったらもう少し待ちますが。
(B) 今日、市場には行きませんでした。
(C) 私たちはいつもとても楽しみます。

ボキャブラリー ☐ invest 動 投資する   ☐ market 名 市場
☐ a while 少しの間

CD-1 ㉚

32. 正解：(B) ★★ カ→米

解説 質問文の動詞は一般動詞で、助動詞もないので、応答としては(B)のみが適当。happen to doで「たまたまdoする」の意。時間を聞くときには、What time do you have?（いま何時ですか）という表現もある。

スクリプト You don't happen to have the time, do you?
(A) Yes, it is.
(B) No, I don't.
(C) Yes, I will.

スクリプトの訳 今の時間がおわかりではないですよね。
(A) はい、そうです。
(B) いいえ、わかりません。
(C) はい、そうします。

ボキャブラリー ☐ happen to 偶然～する

応答問題

33. 正解：(B) ★★   豪➡英

解説 campaignには「選挙戦［運動］」の意味もあるので、それに関連した(A)のvoteやelectionに惑わされるかもしれない。また、newsを報道される「ニュース」ととってしまうと(C)を選んでしまいそうだ。質問文のnewsは「情報；何か変わったこと」の意で報道とは関係ない。bossは社長のような雇い主のほか、部長や課長など自分の上司も指し、女性にも用いることができる。

スクリプト What is the latest news about the sales campaign?
(A) They never vote in elections.
(B) Well, the boss has postponed it.
(C) He never reads the newspaper.

スクリプトの訳 販売キャンペーンについての最新の情報は何ですか。
(A) 彼らは決して選挙で投票しません。
(B) そうですね、上司がそれを延期しました。
(C) 彼は決して新聞を読みません。

ボキャブラリー
- latest 形 最近の；最新の
- vote [vóut] 動 投票をする
- boss 名 上司；雇用主
- sales 形 販売（上）の
- election 名 選挙；投票
- postpone 動 延期する

---

34. 正解：(B) ★★   英➡豪

解説 Yes / Noで答えることのできる質問だが、選択肢はどれもYes / Noが省略されている。ポイントはgive me a hand（手伝ってください）。handという単語からapplause（拍手）やhand（手）が容易に想像できるが、質問文のhandは「人手；労力」の意である。(B)のwhat I'm doingは「私がしていること」の意で、whatは名詞節を導く関係代名詞。＜what + S + V＞で「S + Vするもの・こと」。

スクリプト Can you give me a hand with this machine?
(A) They got a lot of applause.
(B) As soon as I finish what I'm doing.
(C) I didn't put my hand on the machine.

スクリプトの訳 この機械を操作するのを手伝っていただけませんか。
(A) 彼らは多くの賞賛を得ました。
(B) 私が今していることが終わったらすぐにでも。
(C) その機械には手を置きませんでした。

ボキャブラリー
- give ~ a hand ~に手を貸す
- applause 名 拍手（を送ること）；褒めたたえること

PART II ▶ 正解・解説

35. 正解：(A) ★★　　　　　　　　　　　　　　　　　　　　　米 ➡ 英

解説 否定形の疑問文に惑わされないようにしたい。主語はSamなので、応答の主語がIになっている(C)は不適当。would like to doはwouldを使っているが、過去を表すものではなく、口調をやわらげて「doしたいと思う」の意。(A)はYes, he would like to take a vacation, but he can't ... が本来の文。

スクリプト Wouldn't Sam like to take a vacation?
(A) Yes, but he can't seem to find the time.
(B) Yes, he really enjoyed his vacation.
(C) No, I don't think I'd like to go.

スクリプトの訳 サムは休暇を取りたくないのですか。
(A) いいえ、彼はその時間がないようです。
(B) いいえ、彼は休暇を大いに楽しみました。
(C) はい、私は行きたいとは思いません。

ボキャブラリー ☐ take a vacation 休暇を取る　　☐ really 副《強意》確かに；本当に

---

36. 正解：(C) ★★★　　　　　　　　　　　　　　　　　　　　　英 ➡ 米

解説 問題文は「ジェームズが約束を今週3度キャンセルした」と苦言を呈している。応答は文の形からは判別できないので内容から選ぶ。「彼とは二度と約束をしない」としている(C)が最適。(A)のcancellationや(B)のthirdに惑わされないように。

スクリプト That's the third time this week that James has cancelled our appointment.
(A) She has a cancellation on Monday.
(B) I came in third place at the competition.
(C) I wouldn't schedule him for any more.

スクリプトの訳 ジェームズが約束をキャンセルするのはそれが今週で3度目でした。
(A) 彼女は月曜日にはキャンセルをしている。
(B) 私はそのコンペで3位になりました。
(C) 彼とは二度と約束をしません。

ボキャブラリー ☐ cancel 動（注文・取り決めなどを）取り消す
☐ appointment 名 約束；取り決め
☐ cancellation 名 取り消し；キャンセル
☐ place 名 入賞　　　　　　☐ competition 名 試合；競技会
☐ schedule 動 スケジュールに入れる
☐ not～any more もはや～しない

応答問題

37. 正解：(A) ★

解説 What's the weather forecast ... ? で天気予報を尋ねている。(A)のみが「雨になると聞きましたが」と天気予報の内容を答えている。

スクリプト What's the weather forecast for the weekend?
(A) I hear it's going to rain.
(B) Yes, I will go there on Saturday.
(C) It's in the top drawer.

スクリプトの訳 週末の天気予報はどうなっていますか。
(A) 雨になると聞きましたが。
(B) はい、土曜日にそこに行きます。
(C) それは一番上の引き出しに入っています。

ボキャブラリー
- □ **weather forecast** 天気予報
- □ **drawer** 名 引き出し

---

38. 正解：(B) ★★

解説 質問文の冒頭がポイント。Who do I talk to ...? で、だれに話してよいのかを聞いている。to の目的語になれるのは (B) のみ。

スクリプト Who do I talk to if I have a complaint?
(A) He really loves to talk a lot.
(B) A customer service agent.
(C) Yes, I heard about it.

スクリプトの訳 苦情があるときはだれに言えばいいのですか。
(A) 彼はたくさん話すのが本当に好きです。
(B) 顧客サービス係です。
(C) はい、それを聞きました。

ボキャブラリー
- □ **complaint** 名 不平；苦情
- □ **customer service** 顧客サービス（窓口）
- □ **agent** 名 代理人［店］；職員

39. 正解：(B) ★★ 米→カ

解説 Do you ...?なので、応答の主語はI。licenseから(A)のdriveを想像するのは早合点。なお、「運転免許証」はdriver's licenseと言う。

スクリプト Do you have a license to do business here?
(A) No, I don't drive.
(B) Yes, I just got one.
(C) Yes, it is.

スクリプトの訳 ここで商売をする許可証を持っていますか。
(A) いいえ、私は車を運転しません。
(B) はい、それを取得したばかりです。
(C) はい、そうです。

ボキャブラリー □ **license** 名 許可；認可；免許　　□ **business** 名 職業；商売

応答問題

40. 正解：(A) ★ 　　　　　　　　　　　　　　　　カ→米

解説 branchには「木の枝」と「支店」という2つの主要な意味がある。質問文はWh-Questionで「時」をたずねていて、(A)のみがそれに答えている。

スクリプト
When will the new branch open?
(A) Probably next month.
(B) I won't cut down the tree.
(C) Yes, it will.

スクリプトの訳
新しい支店はいつ開店するのですか。
(A) おそらく来月です。
(B) 私はその木を切り倒しません。
(C) はい、そうでしょう。

ボキャブラリー
- □ **branch** 名 支店；支部
- □ **probably** 副《文修飾》おそらく；たぶん
- □ **cut down** 切り倒す

PART III ▶ 正解・解説

Questions 41-43　★

男性 英　女性 米

41. 正解：(B)

解説 男性は1回目の台詞で、女性に電話をかけた理由を述べている。まず、we haven't received payment と支払いを受けていないことを告げ、続いて when we can expect it といつ支払いを受けることが可能かを尋ねている。したがって、(B)の「いつ支払ってもらえるかを知るため」が正解。

42. 正解：(A)

解説 女性は1回目の台詞で、our computers are down と述べている。down はここでは形容詞で「故障した；動かなくなった」の意。したがって、(A)の「彼女のオフィスのコンピュータが動かない」が正しい。

43. 正解：(D)

解説 男性は最後に、I'll call your accountant on Monday. と言っている。この call を phone と言い換えた(D)が正解である。

スクリプト
M: Hi, Linda. I'm calling to let you know that we haven't received payment for the shipment we sent out a month ago. Can you let us know when we can expect it?
W: Hi, Bill. I'm really sorry about the delay with the payment. We're relocating and our computers are down. I think the accountant said she would send the payment on Monday.
M: No problem. I'll call your accountant on Monday. Best of luck with the move!

スクリプトの訳
男性：こんにちは、リンダ。電話をさしあげたのは、1カ月前に発送した品物の支払いをまだ受けていないからです。いつお支払いいただけますか。
女性：こんにちは、ビル。支払いが遅れてしまって本当にすみません。当社は移転の最中で、コンピュータが使えないのです。経理担当者は月曜日にお支払いすると言っていたと思います。
男性：結構です。月曜日に御社の経理担当の方に電話します。お引っ越しを頑張ってください！

会話問題

設問・選択肢の訳

41. なぜ男性は女性に電話をかけているのですか。
    (A) できるだけ早く請求書の支払いをするため
    (B) いつ彼が支払いを受けるかを知るため
    (C) 女性の経理担当者に会うため
    (D) 女性の経理担当者宛てに小切手を書くため

42. 女性の問題は何ですか。
    (A) 彼女のオフィスのコンピュータが動かない。
    (B) 彼女は支払伝票を見つけられない。
    (C) 彼女は経理担当者に連絡できない。
    (D) 経理担当者が転居した。

43. 男性は月曜日に何をしますか。
    (A) 女性の引っ越しを助ける
    (B) 女性の経理担当者に支払いをする
    (C) 女性の経理担当者に会う
    (D) 女性の経理担当者に電話する

ボキャブラリー

- payment 名 支払い
- shipment 名 発送品；出荷品
- expect 動 期待する；予想する
- delay 名 遅延
- relocate 動 移転する；再配置する
- down 形 故障した；動かなくなった
- accountant 名 経理担当者
- best of luck with ～の幸運を祈る
- move 名 引っ越し 動 引っ越しをする
- bill 名 請求書
- locate 動 見つける

PART III ▶ 正解・解説

CD-1 ㊶

Questions 44-46 ★★　　　　　　　　　　　男性 力 女性 豪

44. 正解：(C)

解説 女性は1回目の台詞で、we were able to land that big account.と発言している。landには他動詞で「得る；手に入れる」の意味があり、(C)のbring inとほぼ同義。ここでは(B)のような「着陸させる」の意味ではない点に注意。したがって、(C)の「大きな取引を獲得する」が正解。

45. 正解：(C)

解説 男性は仕事中の様子について、I stayed up late most nights working on the plan at home.と発言している。ここから、「計画に取り組んでいる間はあまり睡眠をとらなかった」とする(C)が正解と分かる。なお、＜stay up + doing＞は「〜して夜遅くまで起きている」の意。

46. 正解：(D)

解説 女性は2回目の台詞で、we'll see the commissions for it at the end of the month.と述べている。commissionは「報酬」の意で、これをget paidという表現を使って「彼らは取引の支払いを受ける」とした(D)が正解。なお、(A)のcommissionerは「理事；委員」の意である。

スクリプト

W: I can't believe that we were able to land that big account. It took months! I thought the client would never go with us. I guess he couldn't resist our sales pitch.

M: Well, we did work very hard to get it. I stayed up late most nights working on the plan at home. He must have noticed the effort we put into it and knows we'll do a good job.

W: I guess we'll see the commissions for it at the end of the month. In the meantime, we've got another difficult job to do now.

スクリプトの訳

女性：私たちがこんなに大きな取引を獲得できたなんて信じられないわ。何カ月もかかったわね！　あの顧客は私たちと決して取引しないと思っていたの。彼は私たちの売り込みに抵抗できなかったんだと思うわ。

男性：そうだね、僕たちはそれを獲得するために必死で働いたからね。僕は自宅でほとんどの夜遅くまでその計画に取り組んだよ。彼は僕たちが注ぎ込んだ努力に気づいて、僕たちが良い仕事をすると分かったのさ。

女性：今月の終わりには報酬を受け取れるでしょう。その間に、もう1つやらなければいけない難しい仕事があるわ。

会話問題

設問・選択肢の訳

44. 男性と女性は何をすることができましたか。
(A) 報酬を目にする
(B) 大きな飛行機を着陸させる
(C) 大きな取引を獲得する
(D) 広い土地を購入する

45. 男性について何が推測できますか。
(A) 彼は計画を考え出すのが遅かった。
(B) 彼はその計画に取り組むため、深夜に外出した。
(C) 彼は計画に従事しているとき、あまり寝ていなかった。
(D) 彼はほとんどの夜、とても遅くまで顧客と一緒だった。

46. 月末に何が起こりますか。
(A) 彼らは町の理事を訪ねる。
(B) 彼らは難しい仕事を続ける。
(C) 彼らは他の難しい仕事を始めなければならない。
(D) 彼らは取引を獲得したため支払いを受ける。

ボキャブラリー

- **land** 動 獲得する；(飛行機を) 着陸させる
- **account** 名 取引
- **client** 名 顧客
- **go with** 〜に同意する
- **resist** 動 抵抗する
- **sales pitch** 売り込みの口上
- **stay up late** 夜遅くまで起きている
- **notice** 動 気づく
- **commission** 名 手数料；歩合
- **in the meantime** その間に；それまでの間に
- **bring in** 〜をもたらす
- **come up with** 〜を考え出す
- **commissioner** 名 理事；委員

模擬テスト 1

PART III ▶ 正解・解説

CD-1 ㊷

Questions 47-49 ★★ 　　　　　　　　　男性 カ 女性 米

47. 正解：(B)
解説　女性は1回目の台詞で、The printer is out of ink again. That's the second time this week.と言っている。ここから、(B)の「2回」が正しいと分かる。

48. 正解：(B)
解説　男性は1回目の台詞で、we need to ask for a bigger budget for a better printerと述べている。big budgetは「さらに多くの予算」の意で、more moneyと言い換えられる。(B)の「プリンタの予算をもっと要求する」が正解。

49. 正解：(B)
解説　女性の2回目の台詞にあるThat might be difficult.のThatは直前の男性の発言を受けたもので、男性の発言中にあるask for a bigger budgetを指す。つまり、女性は「（プリンタに）より多くの予算を確保すること」が難しいと考えている。したがって、正解は(B)である。

スクリプト
W: The printer is out of ink again. That's the second time this week. There must be something wrong with it.
M: That's the third printer we've bought this year. I think we need to ask for a bigger budget for a better printer at the next meeting.
W: That might be difficult. We've already decided what our department's budget will be, and the company is trying to cut down on expenses.
M: Well, it's much more expensive to keep buying lower quality ones.

スクリプトの訳
女性：プリンタのインクがまた切れたわ。これで今週2回目よ。調子が悪いに違いないわ。
男性：それは今年買った3台目のプリンタだよ。もっといいプリンタを買うために予算を増やしてくれるように次の会議で要求する必要があるね。
女性：それは難しいかもしれないわ。私たちは部の予算をもう決めてしまったし、会社は経費を削減しようとしているから。
男性：だけど、品質の悪いプリンタを買い続けるほうがずっと高くつくよ。

会話問題

設問・選択肢の訳

47. プリンタは今週、何回インク切れになりましたか。
(A) 1回
(B) 2回
(C) 3回
(D) 4回

48. 男性は何をしたいですか。
(A) 低品質のプリンタをもう1台買う
(B) プリンタの予算をもっと要求する
(C) 経費を削減する
(D) 新しい予算会議を開く

49. 女性は何が難しいと思っていますか。
(A) 経費を削減すること
(B) さらに予算を獲得すること
(C) 予算の内容を決定すること
(D) 低品質のプリンタを購入すること

ボキャブラリー
- **out of**　〜が切れて；〜が不足して
- **department**　名 部；課
- **expense**　名 費用；経費
- **quality**　名 品質
- **budget**　名 予算
- **cut down on**　〜を削減する
- **keep (on) doing**　〜し続ける

PART III ▶ 正解・解説

CD-1 43

Questions 50-52 ★　　　　　　　　　　　　　　男性 英 女性 豪

50. 正解：(A)

解説 設問のdueは「予定されて；期限が来て」の意で、この設問はもともとの報告書の締め切りを聞いている。男性は1回目の台詞でWe would have never met the deadline today.と言っている。「今日の締め切りに絶対に間に合わなかっただろう」ということなので、もともとの締め切りは(A)の「今日」である。

51. 正解：(B)

解説 女性は2回目の台詞で、He'll be away on a business trip this week and doesn't really need them until he returns.と、上司が報告書の締め切りを1週間延ばした理由を述べている。(B)の「出張中だから」が正解。なお、out of townは「旅行中で；出張中で」の意。out of town on businessという形でもよく使われる。

52. 正解：(C)

解説 女性は2回目の台詞で、He wants to deliver them to the CEO himself.と発言している。deliverは他動詞で「～を届ける」、himselfは強調の用法で「自分自身で」の意。したがって、(C)の「最高経営責任者に報告書を手渡す」が正解。

スクリプト
W: I've got good news. The manager gave us an extra week to finish these reports.
M: What a relief! We would have never met the deadline today. Why did he give us more time to work on them?
W: He'll be away on a business trip this week and doesn't really need them until he returns. He wants to deliver them to the CEO himself.
M: I see. I guess there was no need to hurry, then.

スクリプトの訳
女性：いいニュースよ。部長がこの報告書を仕上げるのにあと1週間時間をくれたの。
男性：安心したよ！　今日の締め切りには絶対に間に合わなかったからね。どうして彼は報告書に取り組む時間をくれたのかな？
女性：今週彼は出張で不在だから、戻るまで報告書は必要ないのよ。彼は最高経営責任者に直接、報告書を届けたいの。
男性：なるほどね。それなら、急ぐ必要はないみたいだね。

会話問題

設問・選択肢の訳

50. 報告書はもともといつが締め切りだったのですか。
(A) 今日
(B) 1週間後
(C) 明日
(D) 2週間後

51. 上司はなぜ締め切りを1週間延ばしたのですか。
(A) 彼は退社しようとしている。
(B) 彼は出張中である。
(C) 彼は自分で報告書に取り組んでいる。
(D) 彼はそのプロジェクトを放棄しようとしている。

52. 部長は何をしたいですか。
(A) 報告書を今日集める
(B) 出かける前に報告書をもらう
(C) 最高経営責任者に報告書を手渡す
(D) 最高経営責任者から報告書を受け取る

ボキャブラリー

- **manager** 名部長；店長
- **relief** 名安堵；安心
- **business trip** 出張
- **hurry** 動急ぐ；あわてる
- **extra** 形余分の；さらなる
- **deadline** 名締め切り
- **deliver** 動届ける
- **go away** 出かける；留守にする

PART III ▶ 正解・解説

Questions 53-55　★★

男性 英　女性 米

53. 正解：(A)

解説 男性が gas prices will rise again とガソリンの値上がりを話題として持ち出し、それに対して女性が find an alternative way や ride my bike と対策を挙げている。男性も start taking the bus to work と自分の対策を述べている。これらから、(A)の「ガソリン価格の高騰にどう対処すべきか」が最適である。

54. 正解：(C)

解説 女性は I'll have to find another way to get to work. と述べた後に、It's too far away. と発言していることから、「会社からとても離れたところに住んでいる」ことが分かる。正解は(C)である。

55. 正解：(D)

解説 男性は2回目の台詞で、I'll have to get up much earlier in the morning と発言した後、その理由を because 以下で述べている。その理由は it's rarely on time（バスが時間どおりにほとんど来ない）ことである。つまり、バスに乗れるように早めに起きなければならないという論理になる。したがって、(D)が正解。なお、make sure は「必ず～ようにする」の意。

スクリプト

M: I read in today's paper that gas prices will rise again next week.
W: Didn't they rise just last week? I guess I'll have to find an alternative way to get around. I can ride my bike to the store, but I'll have to find another way to get to work. It's too far away.
M: I think I'm going to start taking the bus to work. But I'll have to get up much earlier in the morning because it's rarely on time.

スクリプトの訳

男性：今日の新聞に来週またガソリンの値段が上がるって書いてあったよ。
女性：先週上がったばかりじゃない？　移動に別の方法を探さなければいけないわね。買い物には自転車で行けるけど、通勤には他の方法を見つける必要があるわ。遠すぎるもの。
男性：僕はバスで通勤するつもりだよ。でもバスはめったに時間どおりに来ないから、朝はもっと早く起きなければならないだろうね。

会話問題

設問・選択肢の訳

53. 話者たちは何を話していますか。
(A) ガソリン価格の高騰にどう対処すべきか
(B) ガソリン代をどう節約するか
(C) 買い物と通勤の道案内
(D) 異なった種類の交通機関のガソリン価格

54. 女性の問題は何ですか。
(A) 彼女は自転車に乗って出勤しなければならない。
(B) 彼女は通勤にバスが使えない。
(C) 彼女は職場からあまりに遠いところに住んでいる。
(D) 彼女は買い物に行くのに車が必要である。

55. 男性はどうして早起きを始めなければならないのですか。
(A) 早く出勤するため
(B) 女性と車に同乗するため
(C) 新聞を読んで、ガソリン価格をチェックするため
(D) 確実にバスに乗れるように

ボキャブラリー

- **paper** 名 新聞
- **gas** 名 ガソリン
- **rise** 動 (価格などが) 上がる；上昇する
- **alternative** 形 代替の；代わりとなる
- **get around** あちこちに移動する
- **bike** 名 自転車
- **rarely** 副 たまにしか～ない
- **directions** 名 道案内
- **transportation** 名 交通機関

模擬テスト1

PART III ▶ 正解・解説

Questions 56-58 ★★

男性 力 女性 豪

56. 正解：(A)
解説 男性の1回目の台詞中にある I'm afraid は何か好ましくないことを言うときに使う表現で、これがヒントになる。続いて、I've lost an important document. と言っていることから、(A)の「彼は重要な書類をなくした」が正解と分かる。

57. 正解：(C)
解説 女性は1回目の台詞で、last month when my system crashed と言っている。ここから、(C)の「彼女のコンピュータ・システムが故障した」を選べる。

58. 正解：(B)
解説 女性の2回目の台詞にある I'll try and help you, then. という発言から、女性は男性を手伝うことを申し出ていることが分かる。何を手伝うかは、次の文の I can't promise that I'll be able to recover your document, though. から、「書類を回復する」ことである。したがって、(B)が正しい。＜ help + 人 + do ＞で「人が〜するのを手伝う」の意。なお、will を使った設問で問われる未来の話者の行動については、会話の終わりのほうで述べられていることが多い。

スクリプト

M: Sara, is there any way to recover the data on my computer once I've deleted it all? I'm afraid I've lost an important document. I can't seem to find it anywhere in my system.

W: I have no idea. You should ask Jeff about that. He used to be a network engineer and knows a lot about computers. He helped me last month when my system crashed.

M: I would, but he's not in today, and I need to recover the data right away. I have a meeting with the general manager at 1:00 and he wants to have a look at it.

W: I'll try and help you, then. I can't promise that I'll be able to recover your document, though.

スクリプトの訳

男性：サラ、一度削除してしまったコンピュータのデータを回復する方法はあるのかい？　重要な文書をなくしたみたいなんだ。僕のシステムのどこにも見つからなくてね。

女性：分からないわ。それについてはジェフに聞くべきよ。彼はネットワーク技術者だったから、コンピュータに詳しいわ。先月、私のシステムが故障したとき助けてくれたのよ。

男性：そうしたいところだけど、彼は今日いないんだよ。僕は今すぐにそのデータを回復する必要があるんだけど。1時に部長と会議があって、部長がそれを見たがっているんだ。

会話問題

女性：それなら私が手伝うわ。あなたの書類を回復できるとは約束できないけれど。

設問・選択肢の訳

56. 男性の問題は何ですか。
(A) 彼は重要な書類をなくした。
(B) 彼のコンピュータ・システムが壊れた。
(C) 彼はジェフを知らない。
(D) 彼はエンジニアの仕事を失った。

57. 先月、女性に何が起こりましたか。
(A) 彼女はジェフの仕事を手伝った。
(B) 彼女はいくらかのデータを回復した。
(C) 彼女のコンピュータ・システムが故障した。
(D) 彼女は書類をなくした。

58. 女性は何をしますか。
(A) 男性にコンピュータを与える
(B) 男性がデータを回復するのを手伝う
(C) 男性を助けに行く
(D) ジェフにすぐ電話する

ボキャブラリー

- **recover** 動 回復する；復旧する
- **delete** 動 削除する
- **I'm afraid** （好ましくないことについて）〜と思う
- **used to** （以前は）〜だった
- **crash** 動 （コンピュータが）クラッシュする；壊れる
- **right away** すぐに
- **general manager** （本）部長

PART III ▶ 正解・解説

CD-1 ㊻

Questions 59-61 ★★　　　　　　　　　男性 力　女性 米

59. 正解：(A)

解説　女性の1回目の台詞にあるIf we can't convince them, we'll never get this project going. に注目。つまり、them（＝ investors）を説得すれば、プロジェクトを進められることが分かる。したがって(A)の「プロジェクトに投資するように人々を説得する」が正解である。

60. 正解：(C)

解説　男性は1回目の台詞でI haven't heard from any of them for a long time. と、これまでに投資家のだれからも音沙汰がなかったことを述べている。したがって(C)の「投資家はそのプロジェクトに関心がなかった」が適切である。

61. 正解：(C)

解説　男性の1回目の台詞の最後にあるAre they still interested in it? という質問に対して、女性がFor the time being. と肯定的な返答をしていることから、「投資家は今のところプロジェクトに関心がある」とする(C)が正解と判断できる。なお、このFor the time being. は、Yes, they are still interested in it for the time being. の省略された形だと考えられる。

スクリプト

W: I have to make a presentation to the investors today. If we can't convince them, we'll never get this project going.
M: I haven't heard from any of them for a long time. I thought that the project wasn't going ahead. Are they still interested in it?
W: For the time being. But it'll be a hard sell.
M: Let me know if you need a hand.

スクリプトの訳

女性：今日、投資家にプレゼンテーションをしなければいけないの。彼らを納得させないと、このプロジェクトを進められないから。
男性：長い間、彼らのだれからも連絡はなかったよ。そのプロジェクトは進んでないと思っていたんだ。彼らはまだそれに関心があるの？
女性：今のところはね。でも売り込むのは難しいでしょうね。
男性：手助けが必要だったら教えてよ。

会話問題

設問・選択肢の訳

59. 女性は何をしたいですか。
(A) プロジェクトに投資するように人々を説得する
(B) プレゼンをするように男性を説得する
(C) そのプロジェクトを始めるように部長を説得する
(D) プレゼンに出席するように人々を説得する

60. 男性は投資家についてどう思っていましたか。
(A) 彼らはそのプロジェクトに投資したい。
(B) 彼らは女性を手助けするだろう。
(C) 彼らはそのプロジェクトに関心がなかった。
(D) 彼らはそのプレゼンに出席できない。

61. 女性は投資家についてどう言っていますか。
(A) 彼らは時間がなくてそのプロジェクトに関心が持てない。
(B) 彼らはそのプロジェクトにまったく関心がない。
(C) 彼らは今のところそのプロジェクトに関心がある。
(D) 彼らはもうすぐプロジェクトに関心を持つかもしれない。

ボキャブラリー

- □ **make a presentation** プレゼンを行う
- □ **investor** 名 投資家
- □ **convince** 動 納得させる
- □ **hear from** ～から連絡をもらう
- □ **for the time being** さしあたり；現在のところ
- □ **hand** 名 援助；手助け

PART III ▶ 正解・解説

CD-1 ㊼

Questions 62-64 ★★★　　　　　　　　　　男性 英 女性 豪

62. 正解：(C)
解説 男性は1回目の台詞でWhere's David today?と聞いた後、I have a meeting scheduled with himと発言している。ここから、(C)の「彼はデイビッドと予定していた会議がある」が正解と分かる。

63. 正解：(D)
解説 男性は2回目の台詞で、He's been working around the clock.として、デイビッドがこれまでずっと働きづめだったことを認めている。したがって(D)の「彼は四六時中働いている」が最適。around the clockは「絶え間なく；休みなく」の意で、all the timeとほぼ同義。

64. 正解：(C)
解説 女性は2回目の台詞で、男性に対してYou could use some time off yourselfと言っている。休暇をとるように勧めているわけで、(C)が正解である。offはここでは形容詞で、「休みで」の意。

スクリプト
M: Where's David today? I have a meeting scheduled with him in a few minutes and he's not in his office.
W: I guess he forgot about it. He took the day off to go fishing. He hasn't had a day off in a long time. He's been under a lot of stress.
M: I guess it's understandable, then. Well, he deserves some time off. He's been working around the clock. I guess this can wait until tomorrow.
W: You could use some time off yourself, you know. I've noticed that you've been here more than usual lately. Both you and David have been working so hard on this latest project. It's good to take a break from it now and again.

スクリプトの訳
男性：デイビッドは今日どこにいるのですか。あと数分で予定していた会議があるのに、彼は自分のオフィスにいないんですよ。
女性：彼はそれを忘れたんじゃないの。休暇をとって、釣りに行ったのよ。彼は長い間休暇をとっていなかったから。ストレスがたまっていたのよ。
男性：それなら理解できますね。彼が休みをとるのは当然ですよ。彼は休みなく働いていましたからね。この件は明日まで待ちましょう。
女性：ところで、あなたも休暇をとればいいんじゃないの。最近はいつもより長く働いていたでしょう。あなたもデイビッドもこの最新のプロジェクトをよくやってくれたわ。時々、休みをとるのはいいことよ。

会話問題

設問・選択肢の訳

62. 男性はなぜデイビッドを探しているのですか。
(A) 彼はデイビッドに会いたいことを忘れた。
(B) 彼はデイビッドに彼のために会議の予定をしてもらう必要がある。
(C) 彼はデイビッドと予定していた会議がある。
(D) 彼はデイビッドと釣りに行きたい。

63. 男性はデイビッドについてどのように言っていますか。
(A) 彼は休暇をとるべきではない。
(B) 彼は彼にすぐに会わなければならない。
(C) 彼は時計を見る。
(D) 彼は四六時中働いている。

64. 女性は男性が何をすべきと思っていますか。
(A) 労働時間を少なくする
(B) 会議の予定を再調整する
(C) 休暇をとる
(D) デイビッドにすぐに電話する

ボキャブラリー
- **schedule** 動 予定する
- **guess** 動 推測する；思う
- **understandable** 形 理解できる；当然の
- **deserve** 動 〜を受けるに足る；値する
- **around the clock** 絶え間なく；休みなく
- **notice** 動 気づく
- **lately** 副 最近；近頃
- **latest** 形 最近の；最新の
- **now and again** 時々
- **reschedule** 動 (予定を)再調整する

PART III ▶ 正解・解説

CD-1 ㊽

Questions 65-67 ★

男性 英 女性 米

65. 正解：(B)
解説 男性の最初の台詞にあるI'm just visiting here.という言葉に注目。visiting hereは「この土地を訪問している」ということで、(B)の「この地域の出身ではない」と同じ意味である。

66. 正解：(A)
解説 男性は1回目の台詞で、I have a map.と言った後、Would you like to take a look at it?と、女性にその地図を見たいかどうかたずねている。これに対して女性はYes, thanks.と答えていることから、(A)の「地図」が正解と判断できる。

67. 正解：(C)
解説 女性は2回目の台詞で、I need to turn around and go back toward the train stationと言っている。turn aroundは「向きを変える；Uターンをする」の意で、言い換えると(C)のWalk in the opposite direction（逆方向に歩く）となる。

スクリプト
W: Excuse me, but can you tell me where Hyde Street is?
M: I'm sorry but I'm just visiting here. But I have a map. Would you like to take a look at it?
W: Yes, thanks. Oh, it looks like I've gone in the opposite direction. I need to turn around and go back toward the train station.
M: I'm headed in that direction myself. I'll go with you.

スクリプトの訳
女性：すみませんが、ハイド通りがどこか教えていただけますか。
男性：ごめんなさい、僕もここは初めてなんです。でも地図を持っています。ごらんになりますか。
女性：ありがとうございます。あら、私は反対方向に来てしまったみたいです。Uターンして、電車の駅の方向に戻る必要がありますね。
男性：僕もその方向に行くところです。一緒に行きましょう。

会話問題

設問・選択肢の訳

65. 男性はなぜ女性の質問に答えられないのですか。
(A) 彼は彼女から隠れている。
(B) 彼はその地域の出身ではない。
(C) 彼は彼女が言ったことを聞かなかった。
(D) 彼は彼女が尋ねていることを理解できない。

66. 男性は何を女性に渡しましたか。
(A) 地図
(B) 車
(C) バス料金
(D) 道案内

67. 女性は次に何をするでしょうか。
(A) スタンドでガソリンを入れる
(B) 駅で電車に乗る
(C) 逆方向に歩く
(D) まっすぐ歩き、右に曲がる

ボキャブラリー

- □ **take a look at** 〜を見る
- □ **direction** 名 方向
- □ **be headed** 向かう
- □ **opposite** 形 反対側の；逆の
- □ **turn around** 向きを変える
- □ **fare** 名 運賃

PART III ▶ 正解・解説

CD-1 ㊾

Questions 68-70 ★★　　　　　　　　　　　　男性 力 女性 豪

68. 正解：(D)
解説 男性は最初の台詞で、I've been charged for an item that I didn't purchase. と発言している。(D)のHe was charged for an item he didn't order.(彼は注文していない商品の代金を請求をされた)は、動詞が現在完了形→過去形、表現がpurchase→orderと言い換えられているだけで、基本的な文構造は同じ。

69. 正解：(C)
解説 女性は男性にPleaseを使って依頼をしているが、最初の台詞のPlease send the item backは、男性がI never received the item.と答えていることから意味をなさない。また、会話中ではitemは単数であることからも(A)は不適切。女性は2回目の台詞でもPleaseを使って、Please give me the invoice numberと男性に行動を促している。したがって、(C)の「彼女に請求書の番号を教える」が正解。なお、invoiceは「請求書」の意で、billと同義。

70. 正解：(B)
解説 次の行動を予測する設問なので、最後の台詞に注目する。女性はI'll look it up on the computer.と男性に伝えていることから、(B)の「彼女のコンピュータでそれを調べる」が正解。look 〜 upは「〜を調べる」の意で、checkとほぼ同義。

スクリプト
M: Hello. I'm calling because I've discovered a mistake on my invoice. It seems that I've been charged for an item that I didn't purchase.
W: All right, sir. Please send the item back and we'll refund your money right away.
M: I never received the item. But it's listed on the invoice, and it was charged to my credit card.
W: Oh, I'm very sorry, sir. Please give me the invoice number and I'll look it up on the computer.

スクリプトの訳
男性：もしもし。請求書に間違いを見つけたので電話しているのですが。購入していない商品の代金を請求されているみたいなのです。
女性：かしこまりました。その商品をご返送ください。すぐに払い戻しをいたします。
男性：商品を受け取っていないのです。ですが、請求書には記載されていて、クレジットカードに請求されていたのです。
女性：それは誠に申し訳ございません。請求書の番号をお教えください。コンピュータでお調べします。

会話問題

設問・選択肢の訳

68. 男性の問題は何ですか。
(A) 彼は注文していない商品を受け取った。
(B) 彼は注文した商品を受け取らなかった。
(C) 彼は注文した商品の代金を請求されなかった。
(D) 彼は注文していない商品の代金を請求された。

69. 女性は男性に何をするよう求めましたか。
(A) その商品を送り返す
(B) 彼女に彼の電話番号を教える
(C) 彼女に請求書の番号を教える
(D) 彼女に払い戻しをする

70. 女性は次に何をしますか。
(A) 男性に彼女の請求書の番号を伝える
(B) 彼女のコンピュータでそれを調べる
(C) 男性に新しい請求書を送る
(D) クレジットカード会社に電話する

ボキャブラリー
- □ **invoice** 名 請求（明細）書
- □ **item** 名 品目；品物
- □ **send back** 返送する
- □ **right away** すぐに
- □ **charge** 動 （代金を）請求する
- □ **purchase** 動 購入する
- □ **refund** 動 払い戻す 名 返金
- □ **look up** 調べる

PART IV ▶ 正解・解説

CD-1 �51

Questions 71-73 ★

71. 正解：(C)
解説 passengers（乗客）、baggage claim areas（手荷物受取所）、gate（ゲート）、flight（フライト）などの語から空港でのアナウンスだと推測できる。(C)が正解。

72. 正解：(B)
解説 設問にあるbaggage claim areas（手荷物取扱所）という表現は、アナウンスの中ほどにinspectors with dogs will also be present in the baggage claim areasと述べられている。このpresentは形容詞で「存在して」の意。つまり、「手荷物受取所に犬を連れた検査官がいる」ということである。したがって、(B)が正解。なお、形容詞presentが名詞を修飾する（限定用法）場合は「現在の」で、意味が異なる点に注意。

73. 正解：(C)
解説 This increased security may cause some delaysという部分に注目。causeは「引き起こす」という意味で、「警備強化が遅れを引き起こす」ということ。アナウンスではこの後、so we suggest that all passengers check in at least one hour early for their flights.と乗客に早めのチェックイン（搭乗手続き）を勧めていることから、delaysは「flight（フライト）の遅れ」だと分かる。ここから、(C)が選べる。

スクリプト Questions 71 through 73 refer to the following announcement.

Attention (71)passengers. We are on a heightened state of security. All passengers should be on the alert for any suspicious bags or other items. If you find anything suspicious, please report it to personnel. Also, please do not pick up any packages or bags that do not belong to you. Please note that you will be subject to stricter inspections at the (71)gate, and that (72)inspectors with dogs will also be present in the (71)baggage claim areas. (73)This increased security may cause some delays, so we suggest that all passengers check in at least one hour early for their (71)flights. We will also be patrolling the parking lots, so please observe the parking restrictions. We're sorry for any inconvenience these security measures may cause.

スクリプトの訳 設問71～73は次のアナウンスに関するものです。

(71)乗客の皆様にお知らせいたします。我々は厳重な警備体制を敷いております。不審なバッグやその他の荷物にはすべてのお客様がご注意ください。もし不審なものを見つけられた場合には、職員にご報告く

説明文問題

ださい。また、ご自分のものではない荷物やバッグはお手に取らないでください。(71)ゲートでは厳重な検査を受けていただくほか、(71)(72)手荷物受取所には犬を連れた検査官がいることをご承知おきください。(73)この警備強化により遅れが生じる可能性がありますので、1時間以上早く(71)フライトの搭乗手続きを済ませていただくようすべての乗客の皆様にお勧めいたします。また我々は駐車場の巡回をしておりますので、駐車規制に従っていただくようお願いいたします。これらの安全対策によりご迷惑をおかけいたしますことをお詫び申し上げます。

設問・選択肢の訳

71. このアナウンスはどこで行われていますか。
(A) バス停で
(B) 電車の中で
(C) 空港で
(D) 機内で

72. 話者は手荷物受取所について何と言っていますか。
(A) そこで不審なバッグを手にとってはいけない。
(B) 犬を連れた検査官がそこにいる。
(C) そこで見つけたバッグは職員に報告しなければならない。
(D) バッグはそこで1時間早く受け取らなければならない。

73. 警備体制が強化されることによってどうなる可能性がありますか。
(A) バッグの検査が遅れるかもしれない。
(B) バッグの受け取りが遅れるだろう。
(C) フライトが遅れるかもしれない。
(D) 駐車が遅れるかもしれない。

ボキャブラリー

- **passenger** 名乗客
- **state** 名状態；状況
- **on the alert** 注意深く警戒して
- **item** 名品目
- **package** 名荷物
- **note** 動覚えておく
- **be subject to** 〜に従う；〜しなければならない
- **strict** 形厳重な
- **inspector** 名検査官
- **baggage claim area** 手荷物受取所
- **cause** 動〜の原因となる；〜をもたらす
- **check in** 搭乗手続きをする
- **observe** 動守る；遵守する
- **inconvenience** 名不便；迷惑
- **heighten** 動強める
- **security** 名警備；警戒
- **suspicious** 形不審な
- **personnel** 名職員
- **belong to** 〜の所有物である
- **inspection** 名検査
- **parking lot** 駐車場
- **restriction** 名規定；規制
- **measures** 名行動；方策；手段

PART IV ▶ 正解・解説

CD-1 52

Questions 74-76 ★★ 英

74. 正解：(D)

解説 スピーチの冒頭近くで、話者はI've come here todayと言った後に、スピーチの主題をto不定詞で示している。to speak to you about the benefits of a higher educationと続いていることから、話者は「高等教育の利点」を話すことが分かる。(D)の「教育を追求するという利点」が最適。(C)の「教育費への税控除という利点」は高等教育の利点の1つにすぎない。

75. 正解：(C)

解説 設問にあるstudentsとcanに注意して聞くと、Students with incomes can claim tax deductionsに注目できるだろう。学生は税控除を受けることができるという話で、onの後にtuition and all other education-related expensesと税控除の対象が示されている。これをeducation-related expensesとまとめて所得から控除できるとしている(C)が最適。student loanについては、その利息（interest）の控除ができるとスピーチにあるので、学生ローン支出そのものに控除ができるとする(D)は誤りである。

76. 正解：(A)

解説 選択肢には職業が並んでいる。スピーチの冒頭近くで、my latest book, Time to Go to Schoolというくだりがある。話者は本を書いた人なので、(A)の「作家」が最適。他の職業については、どこにも推測できる材料がない。

スクリプト Questions 74 through 76 refer to the following speech.

Hello everyone. I'm Richard Lee, and I've come here today (74)to speak to you about the benefits of a higher education as detailed in (76)my latest book, *Time to Go to School*. Besides the obvious rewards such as a better job with a higher salary, there are also benefits that you can take advantage of while you're attending school. First of all, there are many tax breaks on the expenses associated with a higher education. (75)Students with incomes can claim tax deductions on tuition and all other education-related expenses. If you have a student loan, the interest on it is also tax deductible. And let's not forget the societal benefits of higher education. Those with higher educations have more leisure time, better health and a good quality of life for themselves and their children. So I hope you all will consider higher education. Your future depends on it.

説明文問題

スクリプトの訳　設問74～76は次のスピーチに関するものです。

こんにちは、皆さん。リチャード・リーと申します。本日は、(76)私の最新の著書『学校に行くとき』でも詳しく紹介しました、(74)高等教育のもたらす利点についてお話ししようと思います。高給のすばらしい仕事を得るというのは分かりやすい成果ですが、学校に通っている間に利用できる特典というものもあります。まず、高等教育に関連する費用には多くの税控除が適用されます。(75)収入のある学生は、授業料やその他全ての教育関連費用に税控除を請求できます。また、学生ローンを受けている場合には、その利息も税控除の対象となります。そして、高等教育の社会的恩恵を忘れてはなりません。高等教育を受けた人々は、余暇の時間が長く、健康的で、自分自身と子供たちのために質の高い生活を確保しています。そこで、皆さんも高等教育を検討してみてはいかがでしょうか。あなたの未来がかかっているのですよ。

設問・選択肢の訳
74. このスピーチの主題は何ですか。
(A) 高給という利点
(B) 余暇と健康増進という利点
(C) 教育費への税控除という利点
(D) 教育を追求するという利点

75. 話者によれば、学生ができることは何ですか。
(A) 学校に通いながらよりよい健康を維持する
(B) 教育を受けながら収入を得る
(C) 彼らの収入から教育関連費を控除する
(D) 彼らの学生ローン支出に税控除を求める

76. 話者について推測できることは何ですか。
(A) 彼は作家である。
(B) 彼は税理士である。
(C) 彼は財務部長である。
(D) 彼は医者である。

ボキャブラリー
- **higher education**　高等教育；大学教育
- **detail**　動 詳細に述べる
- **latest**　形 最新の
- **besides**　前 ～のほかに
- **obvious**　形 明らかな
- **reward**　名 報酬；報い
- **take advantage of**　～をうまく利用する
- **tax break**　税控除
- **expense**　名 費用；経費
- **associated with**　～と関連した
- **income**　名 所得；収入
- **claim**　動 請求する
- **deduction**　名 控除
- **tuition**　名 授業料
- **fee**　名 料金
- **interest**　名 利息；金利
- **deductible**　形 控除できる
- **societal**　形 社会的な
- **pursue**　動 追求する
- **tax accountant**　税理士

PART IV ▶ 正解・解説

CD-1 53

Questions 77-79 ★★★

77. 正解：(B)
解説 dinosaur specimens（恐竜の標本）の聞き取りがポイント。ガイドツアーの内容については、ガイドが冒頭で説明することがほとんどである。

78. 正解：(C)
解説 video footage（ビデオ映像）に続いて、その内容が示されている。the archeologists who discovered the fossils, and their careful excavation of the remains（化石を発掘した考古学者たちと、彼らの入念な化石発掘）とあるので、後半を抽出した(C)が正解。なお、ここではthe remainsはthe fossilsと同様の意味で使われている。

79. 正解：(B)
解説 bottom floor（1番下の階）と、それに続くbehind the displays（展示品の後ろ）も一緒に聞き取る必要がある。bottom floorは言い換えれば、the first floor（1階）である。(B)が正解。

スクリプト **Questions 77 through 79 refer to the following short talk.**

Hi, I'm Steven, and I'll be your guide for our tour of the Dearborn Museum today. I will be showing you some rare (77)<u>dinosaur specimens</u> in the order of the time periods in which they lived. We'll start with the dinosaurs that lived about 145 million years ago and finish with the ones that were wiped out by an asteroid about 65 million years ago. There are some amazing specimens of feathered dinosaurs that are remarkably preserved. I think you'll find them fascinating. (78)<u>We will also show video footage of the archeologists who discovered the fossils, and their careful excavation of the remains.</u> (79)<u>These videos will be shown on this bottom floor behind the displays.</u> Because the fossils are very delicate and valuable, we ask that you do not touch the displays at any time during the tour. Also, please remember that it is a non-smoking space. Restrooms are located on the second and third floors. Any questions before we start the tour?

スクリプトの訳 設問77〜79は次のショートトークに関するものです。

こんにちは。スティーブンと申します。今日はディアボーン博物館の館内ツアーのガイドを務めさせていただきます。珍しい (77)<u>恐竜の標本</u>を生息していた時代順にお見せします。約1億4500万年前に生息して

説明文問題

いた恐竜から始めて、約6500万年前に小惑星によって絶滅した恐竜が最後になります。翼を持つ恐竜のすばらしい標本は、保存状態がこのうえなく良好です。魅了されると思いますよ。(78)化石を発見した考古学者たちと、彼らの入念な化石発掘のビデオ映像もお見せします。(79)これらビデオは、この一番下の階において、展示品の背後で放映されます。化石は非常にもろく、価値のあるものなので、ツアーの間、展示品には触れないようお願いいたします。また、ここが禁煙であることもご承知おきください。化粧室は2階と3階にございます。ツアーを始める前に何かご質問はございますか。

設問・選択肢の訳

77. この博物館は何を展示していますか。
(A) 恐竜の絵
(B) 珍しい恐竜の標本
(C) 小惑星
(D) 小惑星のクレーター

78. ビデオで紹介されるのは何ですか。
(A) 博物館のツアー
(B) 恐竜の化石の展示品
(C) 化石の発掘
(D) 考古学者たちの家族

79. ビデオはどこで上映されますか。
(A) 2階の展示品の前
(B) 1階の展示品の後ろ
(C) 3階のトイレの隣
(D) 1階のそれぞれの展示品の下

ボキャブラリー

- **guide** 名 ガイド；案内役
- **dinosaur** 名 恐竜
- **asteroid** 名 小惑星
- **amazing** 形 驚くべき；すばらしい
- **specimen** 名 標本
- **remarkably** 副 きわだって；非常に
- **preserve** 動 保存する
- **video footage** ビデオ映像
- **fossil** 名 化石
- **remain** 名 化石；遺跡
- **valuable** 形 貴重な
- **rare** 形 珍しい；貴重な
- **wipe out** ～を絶滅させる
- **feathered** 形 羽（翼）のある
- **fascinating** 形 魅力的な
- **archeologist** 名 考古学者
- **excavation** 名 発掘
- **display** 名 展示品
- **be located** 位置する

PART IV ▶ 正解・解説

CD-1 54

Questions 80-82 ★★★

80. 正解：(D)
解説 設問にあるknowの目的語として選択肢(D)を続けるとアナウンスの第2文から「重度のけが」を抽出した表現になる。severe injuryとserious injuryは同じ意味。なお、911はアメリカでの救急電話番号で、nine-one-oneと発音する。

81. 正解：(C)
解説 設問にあるcallとfor adviceが使われているのは、アナウンスの中ほどのCall your healthcare provider and ask for adviceである。ここから、アドバイスを求めて電話する相手先はhealthcare provider（医療機関）であることが分かる。(C)が正解。

82. 正解：(C)
解説 Many cities in the state offer these free of charge.の文を聞き取る必要があるが、この文のtheseは前文のCPR classesとother emergency preparation coursesを受けている。したがって、「無料の心肺蘇生法コース」とする(C)が正しい。free of chargeはfor freeと言い換えられている。

スクリプト Questions 80 through 82 refer to the following announcement.

Are you prepared if your child has a medical emergency? (80)The average parent doesn't know what to do if his or her child isn't breathing or has a severe injury or burn. Before attempting to treat your child, call 911. If you're not sure how to help your child, stay on the line and let the operator guide you. Remember to try to stay calm. Also—be prepared. (81)Call your healthcare provider and ask for advice what to do in case of an accident before one happens. You can also contact your local city hall and inquire about CPR classes and other emergency preparation courses. (82)Many cities in the state offer these free of charge. You can save your child's life. This message has been brought to you by the Child Services Department.

スクリプトの訳 設問80～82は次のアナウンスに関するものです。

子供が急患になったときの準備はできていますか。(80)もし子供が息をしていなかったり、重度のけがや火傷をしていたら、普通の親はどうしていいかわかりません。子供の手当てを試みる前に、911に電話してください。もし、どうやって子供を助ければいいのか分からないときは、電話を切らずに、オペレーターの指示に従ってください。冷静に

説明文問題

努めることを忘れずに。自前準備も大切です。(81)<u>事故が起きる前に医療機関に電話をして、事故が起きた場合にどうしたらいいかアドバイスを求めましょう</u>。また、地元の市役所に連絡して、心肺蘇生法のクラスや他の救急準備講座について問い合わせてみましょう。(82)<u>州の多くの市がこれらを無料で提供しています</u>。あなたは子供の命を救うことができるのです。このメッセージは児童サービス局がお届けしました。

設問・選択肢の訳

80. 普通の親が知らないことは何ですか。
(A) 冷静さを保ち、オペレーターと話す方法
(B) 適切に呼吸する方法
(C) 911番に電話をして、助けを求める方法
(D) 子供が大けがをしたときにすべきこと

81. 親はだれにアドバイスを求めて電話すればいいでしょうか。
(A) 911番
(B) 病院の従業員
(C) 医療機関
(D) 心肺蘇生法の専門家

82. 多くの市は何を提供していますか。
(A) 有料の救命コース
(B) 無料の医療
(C) 無料の心肺蘇生法コース
(D) 無料の救急サービス

ボキャブラリー

- **medical emergency** 医療緊急事態
- **average** 形 普通の；平均的な
- **breathe** 動 呼吸する
- **severe** 形 深刻な；（症状が）重い
- **injury** 名 けが
- **burn** 名 火傷
- **treat** 動 治療する
- **stay on the line** 電話を切らないでおく
- **remember to do** 忘れずに〜する
- **calm** 形 落ち着いた；冷静な
- **healthcare provider** 医療機関
- **in case of** 〜の場合には
- **inquire** 動 たずねる
- **CPR (cardiopulmonary resuscitation)** 名 心肺停止の蘇生救急
- **free of charge** 無料で
- **properly** 副 適切に
- **fee** 名 料金
- **for free** 無料で

PART IV ▶ 正解・解説

CD-1 ㊺

Questions 83-85 ★★ 米

83. 正解：(B)
解説 冒頭の2文を聞き取れば答えられる。第1文にあるthe food is not too expensiveから料理が安価な（= inexpensive）ことが分かる。ここを聞き逃しても途中にwon't empty your wallet（財布を空にしない）や、最終文にat affordable prices（手頃な価格で）など似通った表現が使われている。他の選択肢については、問題文で言及されていない。

84. 正解：(A)
解説 問題文の中ほどにWe're open from 11 a.m. to 11 p.m. seven days a week for your convenience.とある。seven days a weekは文字どおりに訳すと「1週間に7日」、つまり「毎日」ということである。これをEvery day of the weekと言い換えた(A)が正解。

85. 正解：(D)
解説 Wednesdayで始まる文には、all-you-can-eat（食べ放題）、$12.00（12ドル）、pizza and pasta buffet（ピザとパスタのビュッフェ）、during lunchtime（ランチタイムに）という情報が盛り込まれている。このうち3つを組み込んだ(D)が正解。

スクリプト Questions 83 through 85 refer to the following advertisement.

(83)Looking for a nice place to eat where the food is not too expensive? Then Primo's Italian Café is the place for you. We have a large selection of pastas, pizzas and other delicious Italian food that will satisfy your appetite and won't empty your wallet. There are three convenient locations around the city. Our main restaurant is in the Bell Mall in the downtown area. (84)We're open from 11 a.m. to 11 p.m. seven days a week for your convenience. Be sure to check out our lunch specials. Every Monday we offer discounts on pasta and salad lunches. (85)Wednesday is all-you-can-eat day, and for only $12.00, you can choose anything from our pizza and pasta buffet during lunchtime. There are also many dishes for vegetarians at Primo's. Primo's: fresh Italian food at affordable prices.

スクリプトの訳 設問83～85は次の広告に関するものです。

(83)手頃な値段で料理を楽しめる、すてきなお店をお探しですか。それなら、プリモズ・イタリアン・カフェがぴったりのお店です。幅広い品揃えのパスタ、ピザ、その他おいしいイタリア料理を用意していま

説明文問題

す。お客様の食欲を満たしますが、財布に負担をかけることは決してありません。市内の便利な場所に3店舗があります。旗艦店は、繁華街のベルモールにあります。(84)営業時間は午前11時から午後11時まで、毎日ご利用いただけます。ランチスペシャルのチェックもお忘れなく。毎週月曜日はパスタとサラダのランチが割引になります。(85)水曜日は食べ放題の日で、ランチタイムにはわずか12ドルでピザとパスタのビュッフェからお好きなものをお選びいただけます。プリモズはベジタリアン料理も多数用意しております。プリモズはお手ごろ価格で出来たてのイタリア料理をご提供します。

設問・選択肢の訳

83. プリモズ・カフェの1つの特徴は何ですか。
(A) 近隣にコンビニがある。
(B) 食事が安価である。
(C) それは広々とした場所である。
(D) フランス料理も提供する。

84. プリモズはいつ営業していますか。
(A) 毎日
(B) 1日7時間
(C) 週に5日間
(D) 毎朝7時から

85. プリモズは水曜日に何を提供しますか。
(A) 終日食べ放題のビュッフェ
(B) 12ドルのベジタリアン料理
(C) パスタとサラダのランチの割引
(D) ランチの食べ放題のビュッフェ

ボキャブラリー

- **satisfy** 動 満足させる
- **empty** 動 空にする
- **convenient** 形 便利な
- **seven days a week** 年中無休（1週間につき7日）
- **convenience** 名 便利；便宜
- **check out** ～をよく調べる
- **all-you-can-eat** 形 食べ放題の；バイキングスタイルの
- **buffet** 名 ビュッフェ（バイキングスタイルと同義）
- **vegetarian** 名 菜食主義者；ベジタリアン
- **affordable** 形 手ごろな価格の
- **appetite** 名 食欲
- **wallet** 名 財布
- **location** 名 場所
- **be sure to** 必ず～しなさい
- **special** 名 お勧め料理；特別料理
- **spacious** 形 広々とした

模擬テスト 1

PART IV ▶ 正解・解説

CD-1 56

Questions 86-88 ★★ 英

86. 正解：(B)
解説 設問にあるsevereという単語はThe storm will be particularly severe in that area.で使われている。このthat areaは前文で示されたthe east coastを指しているので、(B)の「東海岸で」が正解である。

87. 正解：(D)
解説 設問のadvised toは問題文中に2回出てくるので、どちらか間違えないようにしたい。the inland areasを述べた文では、are advised to drive carefully and slower than the posted speed limit.と続いている。したがって、(D)が正解である。

88. 正解：(D)
解説 at the beginning of next weekを含む文は最後に出てくる。この文には、temperatures to rise（気温が上がる）、generally nicer weather（おおむねいい天気）であることが述べられている。

スクリプト Questions 86 through 88 refer to the following weather report.

A storm has formed off the coast this morning and has produced high winds and heavy rain in the area. (86)Residents on the east coast are advised to evacuate their homes. The storm will be particularly severe in that area. Wind gusts of 60 miles per hour are expected. Evacuation facilities have been set up in the inland regions for those residents. Please call 555-9209 for more information. (87)People out on the roads in the inland areas are advised to drive carefully and slower than the posted speed limit. The storm is expected to continue on into the late evening, and will produce 4 inches of rainfall. Things should clear up by Saturday, but temperatures will be lower. The temperature will remain below 60 for the rest of the week. (88)Look for temperatures to rise and generally nicer weather at the beginning of next week.

スクリプトの訳 設問86〜88は次の天気予報に関するものです。

今朝、沖合で嵐が発生し、周辺地域では暴風雨となっています。(86)東海岸の住民の方は自宅から避難してください。嵐は特にこの地域で猛威をふるいそうです。時速60マイルの突風が予想されます。この地域の住民のために内陸部に避難施設が準備されています。さらに詳しい情報については555-9209までお電話ください。(87)内陸部で走行中の方

説明文問題

は、注意して徐行運転を心がけてください。嵐は深夜まで続き、降雨量は4インチに達する見込みです。土曜日までには天気は回復しますが、気温は下がるでしょう。週末は、気温は60度を割り込むでしょう。
(88)来週の初めは気温が上がり、おおむね好天の見込みです。

設問・選択肢の訳

86. 嵐はどこで猛威をふるうでしょうか。
(A) 内陸地域で
(B) 東海岸で
(C) 繁華街で
(D) 西海岸で

87. 内陸部の人々はどうするように忠告されていますか。
(A) 自宅から避難する
(B) 避難施設の情報を求めて電話する
(C) 制限速度より速いスピードで運転する
(D) 慎重に、制限速度より遅いスピードで運転する

88. 来週の初めには天気はどうなるでしょうか。
(A) 雪が降り始める。
(B) 強風と大雨になる。
(C) 雨が降り続ける。
(D) 天気がよくなり、気温が上がる。

ボキャブラリー

- **form** 動 形をとる：できる
- **heavy rain** 大雨：土砂降り
- **evacuate** 動 避難する
- **evacuation** 名 避難
- **inland region** 内陸部
- **speed limit** 制限速度
- **clear up** 天気が良くなる：雨が上がる
- **temperature** 名 気温
- **off the coast** 沖合で
- **resident** 名 住民
- **wind gust** 突風
- **facility** 名 施設
- **post** 動 掲示する：広く知らせる
- **rainfall** 名 降雨
- **generally** 副 一般に：概して

PART IV ▶ 正解・解説

Questions 89-91 ★★

89. 正解：(B)

解説 メアリーは冒頭近くのI just wanted to以下で電話をかけた目的を告げている。これに続くのは、remind you that Daylight Saving Time has changed。また次の文ではDon't forget to set your clock.と言っている。後者が(B)に合致する。

90. 正解：(C)

解説 I don't want you to leave me stranded at the airport for hours!の部分に注目。strandedは「取り残される」の意で、aloneとほぼ同義である。したがって、(C)が正解。

91. 正解：(B)

解説 空港に迎えに来るという話題が出ていることから、この男性と女性は飛行機で行き来するぐらいの距離に住んでいると考えられる。(B)の「彼は女性と遠く離れて暮らしている」が適切。(A)は彼女の吹き込んだ内容と異なる。(C)と(D)については、彼女は何も発言していない。

スクリプト Questions 89 through 91 refer to the following recorded message.

Hi, Jason. It's Mary. (89)I just wanted to remind you that Daylight Saving Time has changed. Don't forget to set your clock. It has been extended here in the United States and in Canada. The new Daylight Saving Time start date is the second Sunday in March, which is just a week away. On that day, please set your clock ahead one hour at 2:00 a.m. Don't forget I'll be visiting you next month, so I want to make sure that you get the time right. (90)I don't want you to leave me stranded at the airport for hours! Call me back and let me know how school is going. Do you need anything from here? Please let me know and I'll send you whatever you need. Bye for now.

スクリプトの訳 設問89〜91は次の録音メッセージに関するものです。

こんにちは、ジェイソン。メアリーよ。(89)夏時間が変わったことを思い出させたかっただけよ。時計の針を合わせるのを忘れないでね。ここアメリカとカナダでは夏時間が延長されているわ。新しい夏時間が始まる日は、ちょうど1週間後の3月の第2日曜日。その日は午前2時に時計の針を1時間進めてね。来月、私があなたを訪ねるのを忘れないでね。だから、あなたに正確な時間を知っておいてもらいたいの。(90)空港で何時間もあなたに放っておかれたくないのよ！　折り返し電話して、学校がどんなふうか教えてちょうだいね。こちらからは何か必要？　教えてくれれば、何でも必要なものを送るわ。じゃあね。

説明文問題

設問・選択肢の訳

89. 女性はなぜジェイソンに電話をかけているのですか。
(A) 彼女が彼を訪問することを彼に知らせるため
(B) 彼に時計を合わせることを思い出させるため
(C) 彼が学校に行っているかどうかを確認するため
(D) 彼に自宅から何かを持って行くため

90. 女性は何を心配していますか。
(A) ジェイソンが彼女の伝言を聞かないこと
(B) ジェイソンが空港で何時間も取り残されること
(C) ジェイソンが彼女を1人で放っておくこと
(D) ジェイソンが彼女に折り返し電話するのを忘れること

91. この男性について何が推測できますか。
(A) 彼は学校に行っていない。
(B) 彼は女性と遠く離れて暮らしている。
(C) 彼は女性からたくさんのものが欲しい。
(D) 彼は忘れずに時計を合わせることはない。

ボキャブラリー

- **remind** 動 思い出させる
- **Daylight Saving Time** 夏時間
- **don't forget to do** 忘れずに〜する
- **extend** 動 延長する
- **stranded** 形 立ち往生して；取り残されて
- **for hours** 何時間も
- **whatever** (〜するものは)何でも
- **bye for now** さよなら；それでは

PART IV ▶ 正解・解説

CD-1 58

Questions 92-94 ★★★　　　　　　　　　　　　　　　　　　　力

92. 正解：(C)
解説 設問のspecialは「特別な」の意味なので、ショールームの特徴を示している個所を聞き取ればいい。前半にあるショールームの紹介で、We are the first showroom in the area to feature a revolutionary economy car: The Harlan Sedan.と述べられている。ここからこのショールームの特徴は、「ハーラン・セダンをこの地域で最初に取り扱う」点である。これを簡略化した(C)が正解。

93. 正解：(D)
解説 ハーラン・セダンの特徴は、まずThe Harlan Sports Sedan is one of the most economical and sporty cars out there today.と集約的に紹介されている。economicalは「経済的な→手頃な価格の」の意。したがって、「スポーティーで安価な」とする(D)が正解。

94. 正解：(B)
解説 設問のdiscountedと30 percentにポイントを置いて聞けば、最後のほうのPrices on the entire stock have been slashed by more than 30 percent.が対応することが分かる。entireをallに、on the entire stockをon the lotに言い換えた(B)が正解である。lotは「(自動車の) 展示販売場」の意。

スクリプト　Questions 92 through 94 refer to the following advertisement.

Come on down to Delta's New Car Showroom today! We have many new cars, trucks and minivans to choose from. <u>(92)We are the first showroom in the area to feature a revolutionary economy car: The Harlan Sedan.</u> <u>(93)The Harlan Sports Sedan is one of the most economical and sporty cars out there today</u>. Its sleek, compact design gives it the look of a sports car but it's also the perfect family car with plenty of room for passengers and luggage. The Harlan's stable suspension gives it smooth transitions that ensure against a bumpy ride and get you and your family where you want to go safely. Your family will be proud to ride in the Harlan Sports Sedan: a family car that drives like a sports car. If sports cars are not for you, then come and have a look at our stock of minivans we have on the lot. <u>(94)Prices on the entire stock have been slashed by more than 30 percent</u>. We guarantee that no other dealer can match our low prices.

スクリプトの訳　設問92〜94は次の広告に関するものです。

デルタズ・ニューカー・ショールームへ今日にもお越しください！

説明文問題

乗用車、トラック、ミニバンの新車をたくさん取りそろえておりますので、お好みのものをお選びいただけます。⁽⁹²⁾私共は、革新的なエコノミーカーであるハーラン・セダンを展示するこの地域で最初のショールームです。⁽⁹³⁾ハーラン・スポーツセダンは、現在販売されている最も経済的かつスポーティーな車の1つです。流線型のコンパクトなデザインはスポーツカーに見えますが、乗員と荷物のスペースを十分に確保した完璧なファミリーカーでもあります。ハーランの安定したサスペンションがでこぼこの路面でもなめらかな走行を可能にし、目的地へとお客様とご家族を安全に運びます。ご家族はスポーツカーの走りをするファミリーカーであるハーラン・スポーツセダンに乗ることを誇らしく思うでしょう。もしスポーツカーをお望みでなければ、ミニバンの在庫をごらんください。⁽⁹⁴⁾すべての在庫品は30パーセント以上お安くなっています。当店の格安価格にかなうディーラーはないでしょう。

【設問・選択肢の訳】

92. デルタズ・ショールームの何が特別ですか。
(A) それは最新のミニバンを販売する。
(B) それは最大数のスポーツカーと取りそろえている。
(C) それはハーラン・セダンを初めて取り扱う。
(D) それは展示販売場でハーラン・セダンのみを販売する。

93. ハーラン・セダンについて何が推測できますか。
(A) それは小型のスポーツカーである。
(B) それはファミリー向けのミニバンである。
(C) それはファミリーカーのように見える。
(D) それはスポーティーで安価である。

94. デルタズでは何が30パーセント安くなっていますか。
(A) ミニバン全部
(B) 展示場にある全車
(C) ハーラン・セダン
(D) ミニバンのいくつか

【ボキャブラリー】
- down to ～に至るまで
- feature 動目玉にする；特徴づける
- revolutionary 形革新的な
- economical 形経済的な
- sleek 形流線型の；なめらかな
- luggage 名旅行かばん類；荷物
- stable 形ぐらつかない；しっかりした
- suspension 名車体懸架装置；サスペンション
- transition 名（位置・状態などの）移り変わり
- ensure against ～から守る
- bumpy ride ひどい揺れ
- lot 名展示販売場；敷地
- entire 形すべての；全部の
- slash 動大幅に削減する
- guarantee 動保証する
- cool 形格好いい
- traffic ticket 交通違反切符

PART IV ▶ 正解・解説

Questions 95-97 ★★★

95. 正解：(B)
解説 設問のannounceという動詞は問題文の冒頭で使われている。that以下が選択肢(B)と同様の表現になっている。

96. 正解：(A)
解説 originally（もともと）という副詞がヒントになる。originally planned to add international flights to its scheduleと述べられていることから、(A)の「国際線を追加する」が正解である。

97. 正解：(D)
解説 go through with the deal（契約を結ぶ）がポイント。agree with the terms of the contractとgo through with the dealが離れた位置にあるので注意。(D)が正解である。terms of the contract（契約条件）はビジネスの重要表現なのでこのまま覚えておこう。なお、(C)のwayはtooという副詞を強調する用法である。way too〜で「あまりにも〜すぎる」の意。

スクリプト **Questions 95 through 97 refer to the following report.**

(95)AirTech Corp. announced today that it is backing out of the $25 billion deal to buy a fleet of 12 aircraft from Kern Aircraft Corp. (96)AirTech had originally planned to add international flights to its schedule and cut its domestic service by 30 percent. This plan was supposed to be effective by mid-December. At the present time the airline has 100 daily flights from LAX, making it the largest domestic airline flying out of there. (97)A spokesperson for AirTech said that the airline could not agree with the terms of the contract and after months of negotiations, they decided not to go through with the deal. Kern's representative could not be reached for comment. AirTech is among the nation's top airlines, but has been struggling lately and is rumored to soon join its competitor, Skyway Airlines, in claiming bankruptcy. It's not clear what AirTech will do about their international flights, but analysts say that it will most likely delay its plans to purchase new aircraft. They speculate that the airline will attempt to use its current fleet of planes and cut some of its planned international routes.

スクリプトの訳 設問95〜97は次のリポートに関するものです。

(95)エアテック社は今日、カーン・エアクラフト社から航空機12機を購

説明文問題

入するという250億ドルの取引から撤退することを発表しました。⁽⁹⁶⁾エアテック社は当初、運行計画に国際線を追加し、国内線を30パーセント削減する計画でした。この計画は12月中旬までに実施されることになっていました。現在、同航空会社は、ロサンゼルス国際空港から毎日100便を運行しており、同空港を拠点にする国内最大の航空会社です。⁽⁹⁷⁾エアテック社の広報担当によると、同航空会社は契約条件に合意できず、何カ月にもわたる交渉の末、契約を結ばないことを決定しました。カーン社の代理人はコメントを出していません。エアテック社は国内屈指の航空会社ですが、最近は苦境に陥っており、まもなく破産申請をして、競合企業であるスカイウェイ・エアラインズ社に吸収されると噂されています。エアテック社が国際線をどうするのかははっきりしていませんが、新しい航空機の購入計画をおそらく延期するだろうとアナリストは述べています。アナリストの予測によると、同航空会社は現在の航空機を活用して、計画されていた国際線ルートのいくつかを削減するようです。

設問・選択肢の訳

95. エアテック社は何を発表しましたか。
(A) 国内線の運行をすべて停止する。
(B) 250億ドルの取引から撤退する。
(C) カーン社から12機の航空機を購入する。
(D) 破産を申請する。

96. エアテック社はもともと何を計画していましたか。
(A) 国際線を追加する
(B) 新しい航空機12機を売却する
(C) 破産を申請する
(D) 現在の保有航空機を活用する

97. エアテック社はなぜ契約を結ばなかったのですか。
(A) この会社は国内線だけを提供することに決めた。
(B) この会社は代わりに現在の保有航空機を活用したかった。
(C) この会社はその取引があまりに高価だと考えた。
(D) この会社は契約条件に合意できなかった。

ボキャブラリー
- **back out of** 〜から手を引く；〜を取り消す
- **deal** 名 取引；契約
- **fleet** 名 （同一会社の）保有航空機
- **be supposed to** 〜することになっている
- **effective** 形 発効した；実施中の
- **daily** 形 毎日の
- **LAX** ロサンゼルス空港の空港コード
- **terms of the contract** 契約条件
- **go through with** 〜を果たす；〜をやり抜く
- **representative** 名 代表（者）；代理人
- **struggle** 動 奮闘する；苦闘する
- **lately** 副 最近
- **competitor** 名 競争相手
- **claim** 動 申請する；要求する
- **bankruptcy** 名 破産；倒産
- **speculate** 動 推測する

PART IV ▶ 正解・解説

Questions 98-100 ★★　　　　　　　　　　　　　　　　　英

98. 正解：(B)

解説 男性はmy 10 years here have been enjoyable thanks to youと現在完了形でこれまでのことを振り返り、I was offered a rare opportunityと新しい仕事の誘いを受けたことを明かしている。また、後半のI gave the company my best during my time hereの個所から、彼が会社で働いてきたことも分かる。「退社する」という(B)が適切である。

99. 正解：(A)

解説 設問98と同様に、my 10 years here have been enjoyableの部分に注目。ここから彼の勤続年数は10年である。なお、時を表す表現は必ずしも副詞とは限らず、このように名詞で表現されることもある

100. 正解：(C)

解説 男性の新しい仕事の要件（requirement）については、my new position requires that I move out of stateと述べられている。out of stateは「州外で」の意味なので、「別の州に住まなければならない」とする(C)が正解。なお、positionは「勤め口；仕事」の意で、jobとほぼ同義。

スクリプト Questions 98 through 100 refer to the following speech.

Thanks to all of you for taking the time to come here today. I must say that (98)(99)my 10 years here have been enjoyable thanks to you. But two months ago (98)I was offered a rare opportunity that I just couldn't say no to. But I want you to know this decision was difficult to make. It took a lot of thought and I believe it is the right decision for me to make at this time. I'd especially like to thank Bill Foster, the CEO for believing in me and giving me the opportunity to work for this fine firm. (98)I gave the company my best during my time here, and I hope that I was able to make a difference. I have enjoyed working with all of you and will never forget the many years of support you have given me and the kindness you have shown me. Although (100)my new position requires that I move out of state, I will definitely keep in touch. I really wish it was just across town! Anyway, if any of you are ever in the area, please look me up.

説明文問題

スクリプトの訳 設問98〜100は次のスピーチに関するものです。

本日はわざわざご出席いただきましてありがとうございます。(98)(99)皆様のおかげで私がここで過ごした10年間は楽しいものとなりました。しかし、2カ月前に、断ることのできないような、(98)めったにないチャンスをいただきました。ですが、この決断が困難であったことをご理解いただきたいと思います。熟慮した末、これが現在下すべき正しい決断であったと信じております。とりわけ私を信頼してくださり私にこのすばらしい会社で働く機会を与えてくれたビル・フォスター最高経営責任者に感謝いたします。(98)ここにいる間、私は会社に対して最善を尽くしてきましたし、貢献できたのではないかと思います。皆様と働くことはとても楽しいことでした。長年にわたる皆様のご支援とご親切は決して忘れることはないでしょう。(100)私の新しい仕事は別の州になりますが、必ず連絡を取るようにいたします。町のほんの向こうに行くだけならよかったのですが、いずれにせよ、近くにおいでの際はぜひお立ち寄りください。

設問・選択肢の訳

98. 男性はなぜこのスピーチをしているのですか。
(A) 彼は新居に引っ越す。
(B) 彼は退社する。
(C) 彼は会社を閉鎖する。
(D) 彼は学校に戻る。

99. この男性は会社にどれくらい在籍しましたか。
(A) 10年
(B) 2カ月
(C) 10週間
(D) 2年

100. この男性の新しい仕事の要件は何ですか。
(A) 彼は最高経営責任者と連絡をとり続けなければならない。
(B) 彼は街の向こう側に住まなければならない。
(C) 彼は別の州に住まなければならない。
(D) 彼はその地域の訪問客を調べなければならない。

ボキャブラリー

- thanks to　〜のおかげで
- enjoyable　形 楽しめる；楽しい
- opportunity　名 好機；機会
- make a difference　違いを生じる［もたらす］；影響を及ぼす
- move　動 引っ越す
- close down　閉鎖する
- look up　（久しぶりに）訪ねる；調べる
- take the time　時間を割く
- rare　形 まれな；めったにない
- firm　名 会社；企業
- definitely　副 確かに；間違いなく
- keep in touch　連絡を保つ

応答問題の注意したいパターン①

Part 2の紛らわしい応答を、これまで解いた問題から再録しました。

●疑問詞への直接的な応答ではなく、別の応答をする
Who will replace Mr. Hughes as general manager?
▶ It hasn't been decided yet.

●Whyで理由を問う➡応答に理由を示す言葉がなく、内容面から判断する
Why was the alarm system turned off?
▶ It was being repaired.

●How（方法）➡「方法・手段」を表すbyで答える
How do I apply for a loan at your bank?
▶ By filling out these forms.

●未来の「時」を問う➡「経過時間」を示すinで答える
When will the next train arrive?
▶ In a couple of minutes.

●〈Neither＋V＋S〉（SもVしない）で答える。Vの一致に注意。
I haven't had a day off in weeks.
▶ Neither have I.

●集合名詞（ここではthe company）をtheyで受ける
What will the company do about the merger?
▶ They're planning to go through with it.

●付加疑問文➡肯定ならYes、否定ならNo
You don't happen to have the time, do you?
▶ No, I don't.

模擬テスト 2

《正解・解説》
Part I ………… 78
Part II ………… 84
Part III ………… 100
Part IV ………… 120

問題 ▶ 別冊31ページ

PART I ▶ 正解・解説

CD-1 ㉖

1. 正解：(D) ★★ 　　　　　　　　　　　　　　　　　　　米

解説 (A)のwork [wə́ːrk]と(D)のwalk [wɔ́ːk]の発音の違いに注意。その聞き分けがあいまいだと(A)を選んでしまう可能性がある。また、「ある方向に（向かう）」というときはin the ... directionと言う。to the directionではない。

スクリプト
(A) They are working on the platform.
(B) The people are strolling in the park.
(C) They are boarding an aircraft.
(D) The people are walking in the same direction.

スクリプトの訳
(A) 彼らはプラットホームで仕事をしている。
(B) 人々が公園を歩いている。
(C) 彼らは飛行機に搭乗している。
(D) 人々は同じ方向に歩いている。

ボキャブラリー
☐ stroll 動 ぶらつく；散歩する
☐ board 動（飛行機・列車などに）乗り込む
☐ aircraft 名 航空機　　　☐ direction 名 方角；方向

---

2. 正解：(C) ★★ 　　　　　　　　　　　　　　　　　　　英

解説 2人の選手の背後に文字の書かれた看板があるので、(C)が正解である。なお、(A)のin the airには「空中に」の意味のほかに「まだ決まっていない」という意味もある。

スクリプト
(A) The ball is in the air.
(B) They are tripping over the ball.
(C) There is a sign in the background.
(D) There are three players on the ground.

スクリプトの訳
(A) ボールが空中にある。
(B) 彼らはボールで転んでいる。
(C) 背景に看板がある。
(D) グラウンドには3人の選手がいる。

ボキャブラリー
☐ trip 動 つまずく　　　☐ background 名 背景

写真描写問題

3. 正解：(D) ★★

解説 (D)のbroom（ほうき）は基本的な生活語。また、railは鉄道の「レール」の他に「横に渡した棒」の意味がある。lean againstは「~にもたれかかる；立てかけられる」の意。(D)が正解である。

スクリプト
(A) They are sleeping on the job.
(B) They are sweeping up the competition.
(C) Janitors are sweeping the pavement.
(D) The brooms are leaning against the rail.

スクリプトの訳
(A) 彼らは仕事中に眠っている。
(B) 彼らは試合に圧勝している。
(C) 清掃作業員が車道を掃いている。
(D) ほうきが横棒に立てかけられている。

ボキャブラリー
- sweep up （戦いなど）に圧勝する
- competition 名 試合；競技会
- janitor 名 用務員
- pavement 名 舗装道路；車道
- broom 名 ほうき
- lean against ~に寄りかかる；~にもたれる
- rail 名（支柱・垣根などに用いる）横棒

---

4. 正解：(C) ★★

解説 (C)のleanは「（ある方向に）身体を曲げる」の意。男性がleaning into the carということなので、これが正解。(A)と(B)は自動車が主語となっているが、この写真中の車に動きはない。(A)のdownにはこの場合、「下る」というような高低の意味合いはなく、単に話し手から遠ざかるを示している。(B)のtowはいわゆる「車をレッカー移動する」の意で、「レッカー車」のことはtow truckと呼ぶ。

スクリプト
(A) The car is traveling down the road.
(B) The car is being towed away.
(C) The man is leaning into the car.
(D) The man is driving to work.

スクリプトの訳
(A) 車が道路を走行している。
(B) 車がレッカー移動されている。
(C) 男性は車の中に体を曲げて入れている。
(D) 男性が車で通勤している。

ボキャブラリー
- tow 動 牽引する；レッカー移動する
- lean 動 （ある方向に）体を曲げる

PART I ▶ 正解・解説

CD-1 ⑥④

5. 正解：(C) ★

解説　写真中の人物は明らかに1人なので、主語が複数の(A)と(D)は不適当である。また、(B)のtrainも写真中には見あたらない。プラットホームにa lone passenger（1人の乗客）がいるとする(C)が正解。なお、形容詞lone（1人の）はalone（たったひとりで）の語頭が消失したもの。

スクリプト
(A) Many passengers are waiting for the train.
(B) A train is pulling into the station.
(C) There is a lone passenger on the platform.
(D) There are many commuters in the chairs.

スクリプトの訳
(A) 多くの乗客が列車を待っている。
(B) 列車が駅に入ってきている。
(C) プラットホームには1人だけ乗客がいる。
(D) 椅子に多くの通勤客が座っている。

ボキャブラリー
- □ passenger　名乗客；旅客
- □ lone　形1人の
- □ pull into　（列車が）〜に着く
- □ commuter　名通勤者

---

6. 正解：(C) ★★

解説　手前に見える物に目がいきがちだが、本問のように背景にまで言及される場合もある。電車の向こうにはビルが見えるので(C)が正解である。なお、(A)のbe attached toは「電車と信号」、(D)のbe on top ofは「信号と電車」のように、どちらも接触を表しているが、この写真では両者は離れているので不適当。

スクリプト
(A) The train is attached to the light.
(B) There's a man on the train.
(C) There's a building in the background.
(D) The light is on top of the train.

スクリプトの訳
(A) 列車が信号に取り付けられている。
(B) 電車には1人の男性が乗っている。
(C) 後方にビルがある。
(D) 信号が列車の上部にある。

ボキャブラリー
- □ be attached to　〜に取り付けられた
- □ light　名交通信号（= traffic light）
- □ background　名遠景（⇔ foreground　前景）
- □ on top of　〜の上（部）に

写真描写問題

7. 正解：(C) ★★

解説 holdは後続の副詞や目的語によって意味が異なるので、解答には正確な知識が必要。(C)のbriefcaseは「書類かばん」の意で、ここではhold upは「持ち上げる」の意で使われている。

スクリプト
(A) The men are both holding up a bank.
(B) The men are both holding hands.
(C) The men are both holding up briefcases.
(D) The men are both holding a seminar.

スクリプトの訳
(A) 男性は2人とも銀行で強盗をしている。
(B) 男性は2人とも手をつないでいる。
(C) 男性は2人ともブリーフケースを持ち上げている。
(D) 男性は2人ともセミナーを催している。

ボキャブラリー
- ☐ **hold up** 〜を襲って強奪する；持ち上げる
- ☐ **hold hands** 手をつなぐ
- ☐ **briefcase** 图 書類かばん；ブリーフケース
- ☐ **hold a seminar** セミナーを開催する

---

8. 正解：(C) ★★

解説 (C)のwheelは「車輪」の意味もあるが、ここでは「車のハンドル（steering wheelとも言う）」。男性の片手がハンドルをにぎっているので、これが正解である。(B)のdrivingは形容詞で「激しい；吹きつける」の意。なお、(D)のstirringは(C)のsteeringと発音が似ているが、前者は [stə́:riŋ]、後者は [stíəriŋ]。

スクリプト
(A) The man is getting out of the car.
(B) The man is standing in the driving rain.
(C) The man has one hand on the wheel.
(D) The man is stirring a mixture.

スクリプトの訳
(A) 男性が車から降りている。
(B) 男性が土砂降りの雨の中で立っている。
(C) 男性がハンドルに片手をかけている。
(D) 男性が混合液をかき混ぜている。

ボキャブラリー
- ☐ **get out of** （乗り物など）から降りる
- ☐ **wheel** 图 （自動車の）ハンドル（= steering wheel）
- ☐ **stir** 動 かき混ぜる
- ☐ **mixture** 图 混合物

PART I ▶ 正解・解説

CD-1 66

9. 正解：(D) ★★ 米

解説 それぞれの名詞の聞き取りがポイントとなる。(B)のyachtは発音とつづりが大きく違うので注意したい。

スクリプト
(A) There are three sailboats.
(B) There are three yachts.
(C) There are three water skiers.
(D) There are three windsurfers.

スクリプトの訳
(A) 3艘の帆船がある。
(B) 3艘のヨットがある。
(C) 3人の水上スキーヤーがいる。
(D) 3人のウインドサーファーがいる。

ボキャブラリー
☐ **sailboat** 名 帆船；ヨット　　☐ **yacht** [ját] 名 ヨット
☐ **water skier** 水上スキーヤー
☐ **windsurfer** 名 ウインドサーファー

写真描写問題

10. 正解:(A) ★★

解説 lineは「線」のほかに「(人などの)列」という意味がある。(A)、(B)、(C)にこの単語が含まれているが、写真では特に人の列はできていないので、(A)が正解である。(D)はlinebackerがわからなくても、それにrunning downが続いているので、写真に走る人物がいないことから消去できる。

スクリプト
(A) There are no lines at the counter.
(B) There is a long line of people at the window.
(C) There is a line at the entrance gate.
(D) There is a linebacker running down the aisle.

スクリプトの訳
(A) カウンターには人の列ができていない。
(B) 窓口に長い人の列ができている。
(C) 入り口に人の列ができている。
(D) 通路を走るラインバッカーがいる。

ボキャブラリー
☐ **line** 名 列
☐ **entrance gate** 入場門;改札口
☐ **linebacker** 名 (アメリカンフットボールの)ラインバッカー
☐ **run down** 〜を走る　　☐ **aisle** [áil] 名 通路

PART II ▶ 正解・解説

CD-1 ⓺⓼

11. 正解：(A) ★★ 米→英

解説 get a good restの聞き取りがポイント。restは「睡眠」と「残りのもの」という2つの意味がある。質問文ではgood（十分な）という形容詞に修飾されているので、restは前者の意味。主語がYouなので、答えの文はIが主語になる。

スクリプト　Did you get a good rest last night?
(A) No, I had to work all night.
(B) He ate all the rest.
(C) Yes, he received it today.

スクリプトの訳　昨晩はゆっくり休めましたか。
(A) いいえ、一晩中働かなくてはなりませんでした。
(B) 彼が残りを全部食べました。
(C) はい、彼はそれを今日受け取りました。

ボキャブラリー　□ rest 名休息；残り　　□ all night 一晩中
□ receive 動受け取る

CD-1 ⓺⓽

12. 正解：(C) ★ 英→米

解説 What is the best way?は方法をたずねる疑問文。(C)にbyがあることに注目したい。byは「手段；方法」を表す前置詞である。(B)のbossと(C)のbusは似た音なので注意して聞き取るようにしたい。

スクリプト　What is the best way to get downtown?
(A) Yes, it is.
(B) It belongs to my boss.
(C) Probably by bus.

スクリプトの訳　繁華街に行く一番よい方法は何ですか。
(A) はい、そうです。
(B) それは私の上司のものです。
(C) おそらくバスでしょう。

ボキャブラリー　□ downtown 副繁華街（町の中心部）に
□ belong to ～に所属する　　□ boss 名上司；雇用主
□ probably 副《文修飾》おそらく；たいてい

応答問題

13. 正解：(B) ★

解説 Whenに対して、「時」を答えているのは(B)のみ。developer→develop film（現像する）→(C)のphotosと連想したかもしれないが、本問には無関係。

スクリプト
When can we meet with the developer?
(A) Yes, I have.
(B) This Friday.
(C) I took a lot of photos.

スクリプトの訳
開発者にはいつ会うことができますか。
(A) はい、私が持っています。
(B) 今週の金曜日です。
(C) 私は写真をたくさん撮りました。

ボキャブラリー
☐ **developer** 名 開発者　　☐ **photo** [fóutou] 名 写真

---

14. 正解：(A) ★

解説 人に関する解答は(A)、(B)だが、質問文はWhoで始まっているので、Yes / Noで答えている(B)は不適当。

スクリプト
Who was the last person to use the copy machine?
(A) I think it was Carl.
(B) Yes, he did.
(C) About an hour ago.

スクリプトの訳
コピー機を最後に使ったのはだれですか。
(A) カールだったと思います。
(B) はい、彼がしました。
(C) 約1時間前です。

ボキャブラリー
☐ **copy machine** コピー機

PART II ▶ 正解・解説

CD-1 ㉒

15. 正解：(B) ★★ 　　　　　　　　　　　　　　　　　　米 ➡ 力

解説 What would you like to do?で「何をdoしたいですか」という定型表現。本問ではtoの後にeatという語が続いているので、「食べ物」が応答になる。

スクリプト What would you like to eat for lunch today?
(A) Yes, I would like that.
(B) I brought a sandwich.
(C) No, I wouldn't.

スクリプトの訳 今日のお昼は何を食べたいですか。
(A) はい、それがいいです。
(B) サンドイッチをもってきました。
(C) いいえ、そうはしません。

ボキャブラリー ☐ **sandwich** 名 サンドイッチ

CD-1 ㉓

16. 正解：(C) ★ 　　　　　　　　　　　　　　　　　　力 ➡ 米

解説 carry-on luggage（機内持ち込み手荷物）が本問の聞き取りのポイント。carry-on（機内持ち込みの）もcarry on（続ける）も発音は同じなので、その後に続く語でその意味を決定しなければならない。

スクリプト Do you have any carry-on luggage?
(A) I bought it today.
(B) I didn't carry on like that.
(C) Just this briefcase.

スクリプトの訳 機内持ち込み手荷物はありますか。
(A) それを今日買いました。
(B) そのようには続けられませんでした。
(C) このブリーフケースだけです。

ボキャブラリー ☐ **carry-on luggage** 機内持ち込み手荷物
☐ **carry on** （仕事などを）続ける
☐ **briefcase** 名 書類かばん；ブリーフケース

応答問題

17. 正解：(A) ★★　　　　　　　　英→豪

解説 Can you ...?と可能性をたずねている質問文。または文脈によっては「〜してくれませんか」という依頼を表すこともある。(A)が予約を変えられない内容である。I'm afraidは、自分の発言について、実はあまり言いたくないのだという気持ちを表す表現。

スクリプト Can you change my reservations to Thursday?
(A) I'm afraid we're booked.
(B) I'd like a reservation.
(C) They are from Europe.

スクリプトの訳 予約を木曜日に変更することができますか。
(A) 恐れ入りますが、予約でいっぱいです。
(B) 予約をしたいのですか。
(C) 彼らはヨーロッパ出身です。

ボキャブラリー
- □ reservation 名 予約
- □ I'm afraid （好ましくないことについて）〜と思う；〜のようだ
- □ book 動 （部屋・切符などを）予約する

---

18. 正解：(B) ★★　　　　　　　　豪→英

解説 What is your opinion ...?と意見を求めているので、Yes / Noで答えることはできない。brightは「（発光体・反射物が）輝く；光る」の意味もあるが、人物を描写する際に用いると「利口な；機転の利く」の意になることに注意。(B)のbrightと(C)のrightは音が似ているので聞き取りに注意したい。

スクリプト What is your opinion about the new manager?
(A) Yes, she did say that.
(B) I think she's very bright.
(C) Yes, that's about right.

スクリプトの訳 新任の課長をどう思いますか。
(A) はい、彼女は本当にそう言いました。
(B) 彼女はとても頭がいいと思います。
(C) はい、それはだいたい正しいと思います。

ボキャブラリー
- □ opinion 名 意見；考え
- □ manager 名 課長；部長
- □ bright 形 （人が）利口な；機転の利く

模擬テスト2

87

PART II ▶ 正解・解説

CD-1 ㊏

19. 正解：(C) ★★ 　　　　　　　　　　　　　　　　米 ➡ 英

解説 extend（延長する；伸ばす）とextension（内線）の聞き取りがポイント。しかし、質問文のextend the contract（契約を延長する）と(A)の「内線に電話をかける」や(B)の「腕を伸ばす」は無関係。(C)の「the + 比較級～, the + 比較級～」は重要構文。

スクリプト　Should we extend the contract for one year or two?
(A) Please dial the proper extension.
(B) He extended his arm.
(C) The longer the better.

スクリプトの訳　われわれは1年か2年契約を延ばすべきでしょうか。
(A) 正しい内線番号におかけください。
(B) 彼は腕を伸ばした。
(C) 長ければ長いほどよいです。

ボキャブラリー
□ **extend** 動 延ばす　　□ **contract** 名 契約（書）
□ **proper** 形 (目的・状況に) 適した；ふさわしい
□ **extension** 名 (電話の) 内線
□ **the + 比較級～, the + 比較級～**　～すればするほど、ますます～

CD-1 ㊐

20. 正解：(A) ★★ 　　　　　　　　　　　　　　　　英 ➡ 米

解説 (A)のturnがポイント。turnは自動詞で「～になる」、他動詞で「（年齢などに）達する」の意味がある。(A)では単に65としか言っていないので、turnを知らなければ、それが年齢を指しているとは見当がつかないかもしれない。質問文がWhenで始まっていること、またその主語がMr. Rolstonということからも(B)や(C)は不適当。

スクリプト　When is Mr. Rolston planning to retire?
(A) When he turns 65.
(B) I'm not planning to.
(C) Yes, he is tired.

スクリプトの訳　ロルストンさんはいつ退職するつもりですか。
(A) 65歳になったときです。
(B) 私は計画をしていません。
(C) はい、彼は疲れています。

ボキャブラリー
□ **plan to do**　～するつもりである　□ **retire** 動 退職する
□ **turn** 動 (ある年齢・時刻・金額など) になる

応答問題

CD-1 78

21. 正解：(A) ★★

豪→力

解説 stockは名詞で「株」「在庫」といった複数の意味を持つ。その知識がこの問題には必要。＜It 〜 to do ...＞の構文なので、不定詞まで慎重に聞き取る必要がある。他の多くの問題のように、質問文の冒頭で応答が決まるわけではない。

スクリプト Isn't it too early to sell your stock in the company?
(A) I need the cash right away.
(B) We don't have any in stock.
(C) I always get up early.

スクリプトの訳 その会社の株を売るのは早すぎませんか。
(A) すぐに現金が必要なのです。
(B) 在庫はまったくありません。
(C) 私はいつも早起きをします。

ボキャブラリー
- **stock** 名 株
- **cash** 名 現金
- **right away** ただちに；すぐに（= immediately）
- **in stock** 仕入れて；在庫があって

CD-1 79

22. 正解：(B) ★★★

カ→豪

解説 ＜let + O + do＞の目的語の部分が、代名詞ではなくthe receptionistという語で、letとknowがやや離れているので、聞き取りにくいかもしれない。(B)のforgotとto、mentionとitはそれぞれ2語ずつであるが、toが直前のtとつながり、またitが直前のnにつながってリズムよく発音される。

スクリプト Did Ms. Davis let the receptionist know that she was leaving?
(A) She doesn't have any.
(B) She forgot to mention it.
(C) She's the new receptionist.

スクリプトの訳 デイビスさんは受付に外出すると知らせていきましたか。
(A) 彼女は何も持っていません。
(B) 彼女はそれを言うのを忘れていました。
(C) 彼女が新しい受付です。

ボキャブラリー
- **let + O + do** Oに〜させる
- **receptionist** 名 受付係
- **leave** 動 去る；出発する
- **mention** 動 言及する；ちょっと触れる

模擬テスト2

PART II ▶ 正解・解説

CD-1 ⑳

23. 正解：(A) ★★　　　　　　　　　　　　　　　米➡カ

解説 mergerがポイントとなる単語。mergerをmanagerと聞き間違えてしまうと、(B)が正解だと思うかもしれない。また、Howで始まっていることから、How muchを連想すると、(C)の応答になるだろう。get anywhereは否定文で用いられ、「会議などで結論が出ない」、「うまくいかない」ことを表すイディオムである。getはgoに変えてもよい。

スクリプト　How were the merger talks?
(A) We didn't get anywhere.
(B) That's what he said.
(C) About 40 dollars each.

スクリプトの訳　合併の協議はどうでしたか。
(A) 何も結論が出ませんでした。
(B) それが、彼が言ったことです。
(C) 約40ドルずつです。

ボキャブラリー
☐ **merger** 名 (吸収) 合併　　　☐ **talks** 名 協議；会議
☐ **anywhere** 副 《否定文》どこにも；どこへも

CD-1 ㉑

24. 正解：(B) ★★★　　　　　　　　　　　　　　カ➡米

解説 冒頭のCould you ...?がポイント。「～してくれませんか」という依頼の表現である。依頼に応じることができない場合は、何かよくないことを言う際の切り出しとなるI'm afraidをよく使う。

スクリプト　Could you look over this sales plan this afternoon?
(A) Yes, it starts in the afternoon.
(B) I'm afraid I'm tied up all day.
(C) I don't know what he looks like.

スクリプトの訳　今日の午後、この販売計画に目を通していただけますか。
(A) はい、それは午後に始まります。
(B) 申し訳ありませんが、一日中忙しいのです。
(C) 私は彼がどんな人か知りません。

ボキャブラリー
☐ **look over** (書類などを) ざっと調べる；目を通す
☐ **tie up** ～を手いっぱいにさせる
☐ **I'm afraid** (好ましくないことについて) ～と思う
☐ **all day** 一日中；朝から晩まで
☐ **look like** (外見から) ～のように見える；～に似ている

応答問題

25. 正解：(A) ★★　　　　　　　　　　　　　　　　　　　　　英→豪

解説 grabの知識が問われる問題である。grabは何かを食べたり飲んだりする場合に用いる動詞で、grab a bite（軽い食事をする）などの表現がある。grabは他にも「〜を突然つかむ」といった意味もあるので、目的語を正確に聞き取らなければならない。

スクリプト
Would you like to grab a cup of coffee?
(A) As soon as I get a break.
(B) He grabbed her purse.
(C) I'll take cream, please.

スクリプトの訳
コーヒーでも飲みませんか。
(A) 休憩を取ったらすぐに。
(B) 彼は彼女のハンドバッグをひったくった。
(C) クリームを入れてください。

ボキャブラリー
- **grab** 動 軽い飲食をする；ひったくる
- **break** 名 (仕事の合間の) 休憩
- **purse** 名 (女性の) ハンドバッグ

---

26. 正解：(C) ★★　　　　　　　　　　　　　　　　　　　　　豪→英

解説 seeには「見える；見かける」の意味もあるが、だれかに「会う」という意味もある。ここでは上司に会う理由を尋ねている。raiseは他動詞で「〜を上げる；育てる」の意味があるが、名詞で用いると「昇給（額）；賃上げ」である。

スクリプト
Why did Francis see the boss this morning?
(A) She saw him on the train.
(B) She can't see without her glasses.
(C) She wanted to ask for a raise.

スクリプトの訳
なぜフランシスは今朝、上司に会っていたのですか。
(A) 彼女は彼を列車内で見かけたからです。
(B) 彼女は眼鏡をかけないと見えないからです。
(C) 彼女は給料を上げてもらいたかったからです。

ボキャブラリー
- **glasses** 名 眼鏡
- **ask for** 〜を求める；欲しいと言う
- **raise** 名 昇給

PART II ▶ 正解・解説

CD-1 ㊽

27. 正解：(C) ★★   米➡英

解説 Isn't there another way ...?と何か方法をたずねている。wayは「方法」の意。相手の期待に添えない場合、I'm afraidが用いられる。(C)はI'm afraid there is not another way to open the security gate.を省略した形。

スクリプト Isn't there another way to open the security gate?
(A) No, he isn't.
(B) My future is wide open.
(C) I'm afraid not.

スクリプトの訳 防犯ゲートを開ける方法は他にありませんか。
(A) いいえ、彼ではありません。
(B) 私の未来は大きく開けています。
(C) 残念ながらありません。

ボキャブラリー □ security gate 防犯ゲート　　□ open 形 (選択の幅が) 大きい

CD-1 ㊿

28. 正解：(C) ★★   英➡米

解説 in charge of（〜を担当して）がポイント。Whoで始まる疑問文に対して、人名を答えているのは(C)のみである。chargeは動詞で「クレジットカードで買う」の意味があるので、(A)のcash（現金）を連想したかもしれない。

スクリプト Who is in charge of hiring staff here?
(A) We only accept cash.
(B) You're right.
(C) Eric Baker is.

スクリプトの訳 ここの採用担当者はだれですか。
(A) 現金のみ受け付けます。
(B) あなたは正しいです。
(C) エリック・ベイカーです。

ボキャブラリー □ in charge of 〜を担当して　　□ hire 動 雇用する
□ accept 動 受けつける　　□ cash 名 現金

応答問題

29. 正解：(A) ★

解説 file taxes（税金を申告する）というやや難しい表現もあるが、冒頭のWhenに対して「時」を答えているのは(A)のみである。This Wednesdayは「今週の水曜日」という意味。

スクリプト
When is the last day to file taxes?
(A) This Wednesday.
(B) The one over there.
(C) Two forms.

スクリプトの訳
税金の申告の最終日はいつですか。
(A) 今週の水曜日です。
(B) あそこにあるものです。
(C) 2通の申込用紙です。

ボキャブラリー
- □ **file** 動申告する
- □ **over there** あそこに；向こうに
- □ **tax** 名税金
- □ **form** 名（申込）用紙

---

30. 正解：(A) ★★

解説 pick up the packageやthe post officeが気になるところだが、質問文はあくまでもMichaelに関することなので、命令文になっている(B)は不適当。(A)のaroundは前置詞の用法が主だが、このように副詞で使われることもあり、「その辺に」の意味となる。

スクリプト
Can Michael pick up the package from the post office?
(A) He's not around.
(B) Please send it by mail.
(C) He picked one.

スクリプトの訳
マイケルは郵便局に小包を取りに行くことができますか。
(A) 彼は見あたりません。
(B) それを郵便で送ってください。
(C) 彼は1つ選びました。

ボキャブラリー
- □ **pick up** 取ってくる
- □ **post office** 郵便局
- □ **pick** 動選ぶ
- □ **package** 名荷物；小包
- □ **around** 副近くに；その辺に

PART II ▶ 正解・解説

CD-1 88

31. 正解：(C) ★★　　　　　　　　　　　　　　　　米➡カ

解説 Whose walletと財布の持ち主を聞いているので、人名が出てくる(B)、(C)が正解の候補になる。人名が最初に出てくる答え方に慣れていると(B)を選んでしまうかもしれないが、belong toを使った場合は物が主語になり、人が目的語になる。belong toは組織などに「所属する」の意味もあるが、(C)のように「所有者への帰属」を表すこともできる。

スクリプト Whose wallet is that on the table?
(A) It's that wallet over there.
(B) Sara will buy one.
(C) It belongs to Tara.

スクリプトの訳 テーブルの上にあるのはだれの財布ですか。
(A) そこにあるその財布です。
(B) サラが買います。
(C) それはタラのものです。

ボキャブラリー ☐ **wallet** 名 (折りたたみ式の) 札入れ；財布
☐ **over there** あそこに；向こうに　☐ **belong to** ～に所属 [帰属] する

CD-1 89

32. 正解：(B) ★　　　　　　　　　　　　　　　　カ➡米

解説 How manyで始まる疑問文なので、数を答えているものを選ぶ。あとはsick days（病気で休むことのできる休日）がポイントとなる。常識的にも(C)は考えられない。

スクリプト How many sick days do we get per year?
(A) I feel fine, thanks.
(B) About 28.
(C) 365 days.

スクリプトの訳 1年に何日、病欠休暇を取ることができますか。
(A) 私は元気です、ありがとう。
(B) 約28日です。
(C) 365日です。

ボキャブラリー ☐ **sick day** 病欠日　　☐ **per** 前 ～につき；～ごとに

応答問題

33. 正解：(A) ★★

解説 Whoで始まる疑問文に対して、人物を答えている選択肢は(A)のみ。coverはさまざまな意味を持つ語である。他動詞では「保護する」、「表面を覆う」、「範囲に及ぶ」などの意味があり、本問のように自動詞で用いられた場合には「代理を務める」という意味になる。(A)のavailableは「手が空いている；利用できる」の意。

スクリプト
Who can cover for Les while he's gone?
(A) Mark is available.
(B) He's undercover.
(C) He went to France.

スクリプトの訳
レズがいない間、だれが代わりをするのですか。
(A) マークが手が空いています。
(B) 彼はスパイ活動をしています。
(C) 彼はフランスに行きました。

ボキャブラリー
☐ **cover for** 〜の代わりをする
☐ **while** 接 〜するうちに；〜の間ずっと
☐ **available** 形 手が空いている；利用できる
☐ **undercover** 形 スパイ活動［秘密調査］に従事する

---

34. 正解：(C) ★

解説 Are there any meetings ...?とミーティングの有無を尋ねている。scheduled this weekは分詞句で、直前のmeetingsを修飾している。thereやtheyは正確に聞き取りたい。

スクリプト
Are there any meetings scheduled this week?
(A) His schedule is booked this week.
(B) They are over there.
(C) There's one on Wednesday.

スクリプトの訳
今週、予定されている会議はありますか。
(A) 彼のスケジュールは今週は詰まっています。
(B) それらはあそこにあります。
(C) 水曜日に1つあります。

ボキャブラリー
☐ **schedule** 動 予定する ☐ **book** 動 予約する
☐ **over there** あそこに；向こうに

模擬テスト 2

CD-1 (92)

35. 正解：(A) ★★ 米➡英

解説 How do you like ...?で「（意見を求めて）～はどう思いますか」の意。本問はこの主語と時制が変わった形で、Ms. Keenanの様子をうかがう質問である。

スクリプト How did Ms. Keenan like the presentation?
(A) She seemed to be impressed.
(B) She likes getting presents.
(C) It was held in the auditorium.

スクリプトの訳 キーナンさんはそのプレゼンテーションをどうお思いになりましたか。
(A) 彼女は感心したようでした。
(B) 彼女はプレゼントをもらうのが好きです。
(C) それはそのホールで催されました。

ボキャブラリー
□ **presentation** 名 発表；プレゼンテーション
□ **impress** 動 感銘を与える；印象づける
□ **hold** 動 （会・式などを）開催する □ **auditorium** 名 講堂；ホール

CD-1 (93)

36. 正解：(A) ★★★ 英➡米

解説 put one's money into（～に投資する）がポイント。また、Should I ...?は善悪の判断や義務を問う場合に用いられる表現であるが、ここでは助言を求めている。助言に対するアドバイスが正しい応答になる。

スクリプト Should I put my money into tech stocks?
(A) I wouldn't recommend it right now.
(B) No, there is still plenty left in the pantry.
(C) No, I have to get a bank account first.

スクリプトの訳 ハイテク株に投資すべきですか。
(A) 今すぐはお勧めしません。
(B) いいえ、食器置き場にはまだたくさん残っています。
(C) いいえ、まず銀行口座を持たなくてはなりません。

ボキャブラリー
□ **put one's money into** ～に投資する
□ **tech stocks** テクノロジー関連株
□ **recommend** 動 推薦する；推奨する
□ **right now** 今すぐ；今のところ □ **plenty** 名 十分；たくさん
□ **pantry** 名 食器室 □ **bank account** 銀行口座

応答問題

37. 正解：(B) ★★

解説 Whereに対する答えとして、場所を明示したものはないが、(B)は「ランダルが持っている」ということで、暗に場所が示されている。

スクリプト Where is the data sheet for the new account?
(A) Next Thursday at 2:00.
(B) I think Randall has it.
(C) I think you're right.

スクリプトの訳 新規取引先のデータシートはどこにありますか。
(A) 次の木曜日の2時です。
(B) ランダルが持っていると思います。
(C) あなたが正しいと思います。

ボキャブラリー
- □ **data sheet** データシート；データ用紙
- □ **account** 名 取引先

---

38. 正解：(C) ★★

解説 Whenに対する答えとして、時を表す語句を含んでいるものは(C)のみである。shipは名詞だと「船」の意であるが、動詞の場合は必ずしも船には関係なく、「(荷物などを) 発送する」の意で用いられる。

スクリプト When is the cargo being shipped out?
(A) Dale is the ship's captain.
(B) It'll be sent by ship.
(C) It was sent off yesterday.

スクリプトの訳 貨物はいつ発送されますか。
(A) デールが船長です。
(B) 船で送られます。
(C) 昨日発送されました。

ボキャブラリー
- □ **cargo** 名 積み荷；貨物
- □ **captain** 名 船長；機長
- □ **ship** 動 発送する；出荷する
- □ **send off** ～を発送する

PART II ▶ 正解・解説

39. 正解：(A) ★　　　　　　　　　　　　　米 ➡ カ

解説 Can you ...? は依頼の表現である。応答としては、主語が she である (B) や (C) は不適当。

スクリプト
Can you give Ms. Perry a message for me?
(A) Sure, no problem.
(B) Yes, she did.
(C) She gave it to me.

スクリプトの訳 ペリーさんに私の伝言を伝えていただけますか。
(A) もちろんです、かまいません。
(B) はい、彼女はしました。
(C) 彼女はそれを私にくれました。

ボキャブラリー
☐ **sure** 副 もちろん　◆肯定的返答を表す強意語。
☐ **no problem** （依頼に対して）いいですよ；かまいません

応答問題

40. 正解：(B) ★★★

解説 be supposed to do は過去時制で用いると、実現しなかった事柄を表す。つまり、join（参加する）するはずだったのにできなかった理由が解答になる。

スクリプト Wasn't Janice supposed to join us for lunch today?
(A) She always eats that for lunch.
(B) She had an urgent meeting.
(C) She said it was really good.

スクリプトの訳 ジャニスは今日私たちと一緒にお昼を食べるはずではなかったのですか。
(A) 彼女はいつもそれをお昼に食べています。
(B) 彼女は急ぎの会議が入りました。
(C) 彼女はそれがとてもおいしいと言っていました。

ボキャブラリー
- **be supposed to do** 〜することになっている；〜するべきである
- **join** 動 一緒になる；参加する
- **urgent** 形 緊急の；切迫した

PART III ▶ 正解・解説

CD-2 ❷

Questions 41-43 ★★★　　　　　　　　　　　　　　　男性 英　女性 米

41. 正解：(D)
解説 女性は1回目の台詞でwe will all get pay cuts.と言っていて、それに対して男性がI'm afraid it's true.と応じている。pay cutsは「減給」の意なので、これを言い換えた(D)が正しい。会話では、fireは動詞として「解雇する」の意味で使われているので、(B)の「会社の火事」とはまったく関係がない。

42. 正解：(B)
解説 設問にあるthis morningは、男性の1回目の台詞に出てくる。The HR manager called me into his office this morningとあることから、「人事部長と会った」とする(B)が正解。

43. 正解：(A)
解説 男性は2回目の台詞でthe company is in the redと発言している。このin the redが「赤字の状態で」の意味であることが分かるかどうかがポイント。in the redをbe losing money（お金を失っている）と言い換えた(A)が正解である。

スクリプト
W: Jeff, there's a rumor going around the office that we will all get pay cuts. Have you heard anything about it?
M: I'm afraid it's true. The HR manager called me into his office this morning and gave me the bad news. I'm sure he'll call you, too. He'll be calling everyone into his office one by one today.
W: Why are they doing it? I really can't afford to make less money. I have so many bills to pay.
M: Well, the company is in the red, and they didn't want to fire anyone. This was the only other solution. It'll be tough for me, too, but I guess it's better than the alternative. Anyway, I hope it's only a temporary situation.

スクリプトの訳
女性：ジェフ、私たち全員が減給されるという噂が会社で流れているのよ。それについて何か聞いた？
男性：残念ながら本当だよ。人事部長が今朝、オフィスに僕を呼んで、その悪いニュースを伝えたんだ。彼はきっと君も呼ぶよ。今日、彼は全員を1人ずつ彼のオフィスに呼ぶつもりだよ。
女性：会社はどうしてこんなことをするのかしら？　私は収入減に対応する経済的余裕なんてないわ。支払わなければならない請求書はたくさんあるし。
男性：会社は赤字だけど、だれも解雇したくないんだよ。他の唯一の解決方法がこれだったというわけさ。僕にも厳しいよ。でも、代替案よりはましじゃないかな。とにかく、これが一時的な状況であることを願うよ。

会話問題

設問・選択肢の訳

41. 話者たちは何を話し合っていますか。
(A) 解雇される社員
(B) 会社の火事
(C) 部長の新しい髪型
(D) 彼らの給与の減少

42. 男性は今朝何をしましたか。
(A) 彼は紙を切った。
(B) 彼は人事部長と会った。
(C) 彼は噂を流した。
(D) 彼は昇給を求めた。

43. この会社に何が起こっていますか。
(A) それはお金を失っている。
(B) それはお金を稼いでいる。
(C) それは移転をしている。
(D) それは社員を失っている。

ボキャブラリー

- ☐ **rumor** 名 噂
- ☐ **go around** （噂が）広まる
- ☐ **HR (human resources)** 名 人事（部）；人材
- ☐ **afford to do** ～する余裕がある
- ☐ **bill** 名 請求書
- ☐ **in the red** 赤字で
- ☐ **fire** 動 解雇する
- ☐ **solution** 名 解決法；解決策
- ☐ **alternative** 名 二者択一の機会；代替案
- ☐ **temporary** 形 一時的な
- ☐ **haircut** 名 髪型；散髪
- ☐ **reduction** 名 減少
- ☐ **relocate** 動 移転する

PART III ▶ 正解・解説

CD-2 ❸

Questions 44-46 ★

男性 力 女性 豪

44. 正解：(D)

解説 男性は1回目の台詞でI'm thinking of switching to part time.と自分の希望を述べた後、I think the manager will approve it.と言っている。男性は「非常勤」という業務形態へ移行する希望を持っていて、それを部長が承認してくれそうだと考えている。これに合致するのは、(D)の「彼にスケジュールの変更を許可する」。

45. 正解：(C)

解説 女性はcan you really afford to do that?（その余裕が本当にあるのか）とたずねた後、重ねてHow will you supplement your income?（収入をどうやって補うつもりなのか）と聞いている。ここから女性の心配が、(C)の「彼女は男性が生活するのに十分なお金が持てなくなると考えている」に近いことが分かる。

46. 正解：(C)

解説 男性は1回目の台詞で「非常勤になりたい」と言った後、2回目の台詞でI need a breakと本音を漏らしている。「彼は働く量を減らして、もっとゆとりを持ちたい」とする(C)が最も近い。(B)のHe wants to take a vacation.（彼は休暇をとりたい）についての言及は男性の会話のどこにもないので、これは不適切である。

スクリプト
M: I'm thinking of switching to part time. I've been working here for years, so I think the manager will approve it.
W: She probably will, but can you really afford to do that? How will you supplement your income?
M: Well, I'm not looking for other sources of income. I've just been very tired lately and feel like I need a break.

スクリプトの訳
男性：非常勤に切り替えようと思っているんだ。何年もここで働いているから、部長も認めてくれるんじゃないかな。
女性：おそらく彼女は認めてくれるでしょう。でも、そうする余裕が本当にあるの？ 収入をどうやって補うつもり？
男性：他の収入源を探してはいないよ。僕は最近とても疲れているから、休みをとりたいんだ。

会話問題

設問・選択肢の訳

44. 男性は部長に何をしてほしいですか。
(A) 彼にもっと仕事を与える
(B) 彼を休憩させる
(C) 彼の収入を埋め合わせる
(D) 彼にスケジュールの変更を許可する

45. 女性はなぜ心配しているのですか。
(A) 彼女は男性が休暇を理由に解雇されると考えている。
(B) 彼女は男性があまりに疲れていて、休息が必要だと考えている。
(C) 彼女は男性が生活するのに十分なお金が持てなくなると考えている。
(D) 彼女は部長が彼の行動を承認しないと考えている。

46. この男性について何が推測できますか。
(A) 彼は他の収入源を探したい。
(B) 彼は休暇をとりたい。
(C) 彼は働く時間を減らして、もっとゆとりを持ちたい。
(D) 彼は朝のコーヒーブレイクを取りたい。

ボキャブラリー

- **switch** 動 変更する
- **approve** 動 承認する
- **afford to do** ～する余裕がある
- **supplement** 動 埋め合わせる；不足を満たす
- **income** 名 収入
- **lately** 副 最近
- **break** 名 休息；休暇
- **get fired** 解雇される

PART III ▶ 正解・解説

CD-2 ④

Questions 47-49 ★★★   男性 カ 女性 米

47. 正解：(B)

解説 男性はまず I'll be leaving this company と話を切り出し、女性に When will you start? と質問されると、The beginning of next month. と答えている。2人が男性の転職の話をしていることは明らか。したがって、(B)の「男性の新しい仕事」が正解である。

48. 正解：(C)

解説 女性が男性をどう見ているかは、女性の1回目の台詞にある You are one of the most diligent employees we have here. に集約されている。diligent は「勤勉な」という意味で、これを hard-working と言い換えた(C)が正解である。

49. 正解：(D)

解説 設問にある difficult という単語は、女性の2回目の台詞に出てくる。女性は It'll be very difficult to find someone to fill your shoes. と言っているが、この fill one's shoes は「〜の後任となる」の意である点に注意。したがって、Finding a replacement for Bill（ビルの後任を探すこと）とする(D)が正解である。replacement（後任者）はビジネスでよく使うので覚えておこう。fill という動詞につられて、(A)や(C)を選ばないこと。(C)には会話文にある shoes も使われていてまぎらわしい。

スクリプト

M: I'll be leaving this company at the end of the month. I got a new position with a financial firm and I'm really excited about it.
W: That's great news, Bill, but I'll be sorry to see you go. You are one of the most diligent employees we have here. When will you start?
M: The beginning of next month. When I told the boss, he was a little upset.
W: I'm sure he was. It'll be very difficult to find someone to fill your shoes.

スクリプトの訳

男性：今月の終わりにこの会社を辞めるんだ。金融会社に新しい職を得たから、すごく興奮しているんだよ。
女性：それはとてもいいニュースね、ビル。でも、あなたが行ってしまうなんて悲しいわ。あなたはここの最も勤勉な社員の1人だったのよ。いつから働き始めるの？
男性：来月の初めからだよ。上司に言ったら、彼は少し動揺していたね。
女性：そうでしょうね。あなたの後任を見つけるのはとても難しいでしょうから。

会話問題

設問・選択肢の訳

47. 話者たちは何について話していますか。
(A) 男性の新しい財務責任者
(B) 男性の新しい仕事
(C) 男性の報道のポスト
(D) 女性の休暇

48. 女性はビルについてどう思っていますか。
(A) 彼は女性を見送って悲しくなる。
(B) 彼は新しい靴を見つけることができない。
(C) 彼は勤勉な社員である。
(D) 上司は彼を怒るだろう。

49. 女性は何が難しくなると言っていますか。
(A) 上司に代わって書式に記入すること
(B) ビルの靴を購入できる人を見つけること
(C) 新しい靴の注文用紙に記入すること
(D) ビルの後任を見つけること

ボキャブラリー

- ☐ **leave** 動 辞める
- ☐ **financial** 形 金融の
- ☐ **excited** 形 興奮した
- ☐ **employee** 名 従業員；社員
- ☐ **fill one's shoes** ～の後任となる
- ☐ **replacement** 名 後任（者）
- ☐ **position** 名 職；勤め先
- ☐ **firm** 名 会社
- ☐ **diligent** 形 勤勉な
- ☐ **upset** 形 動揺して；怒って
- ☐ **fill out** 記入する

Questions 50-52 ★

男性 英 女性 豪

50. 正解：(C)

解説 女性の最初の台詞を正確に聞き取れれば正解を導ける。女性は男性に Do you know if it has arrived yet? とたずねているが、この it は前文の an important package を指している。したがって、(C) の「彼女の荷物が届いたかどうか」が正解である。

51. 正解：(B)

解説 男性は1回目の台詞で I put it on your desk. と、package を女性の机の上に置いたと言っているが、2回目の台詞で I put it in your desk drawer. と前言を撤回している点に注意。一方、女性は I didn't see anything but papers on my desk.（私の机の上には書類しかなかった）と言っているので、「何枚かの書類」とする (B) が正しい。なお、anything but ～は否定文中で「～のほかは何もない」の意で用いられる。

52. 正解：(D)

解説 設問51でも引いたように、男性は2回目の台詞で I put it in your desk drawer. と言っている。package は「女性の机の引き出しの中」にあるということなので、(D) の「女性の机の中に」を選ぶ。

スクリプト

W: Hi, Keith. I've been expecting an important package. Do you know if it has arrived yet?
M: Yes. It arrived this morning at around 10. I put it on your desk.
W: Are you sure? I was just in my office and I didn't see anything but papers on my desk. Are you sure you didn't put it somewhere else?
M: Oh, yeah. I put it in your desk drawer. It's on top of some books. Sorry about that.

スクリプトの訳

女性：こんにちは、キース。重要な荷物が来ることになっているの。それがもう着いたかどうか知っている？
男性：はい。今朝10時ごろに届きました。あなたの机の上に置きましたよ。
女性：本当に？　私はちょうどオフィスにいたけど、私の机の上には書類しかなかったわ。どこか別のところに置いていないの？
男性：ああ、そうだ。あなたの机の引き出しに入れました。何冊かの本の上です。すみません。

会話問題

設問・選択肢の訳

50. 女性は何を知りたいですか。
    (A) 彼女の机の上に荷物があるかどうか
    (B) 男性の荷物が届いたかどうか
    (C) 彼女の荷物が届いたかどうか
    (D) 彼女の机の中に荷物があるかどうか

51. 女性の机の上には何がありますか。
    (A) 荷物が1つ
    (B) 何枚かの書類
    (C) 何冊かの本
    (D) 何もない

52. 男性はどこに荷物を置きましたか。
    (A) 女性の机の上に
    (B) 何冊かの本の隣に
    (C) 何枚かの書類の上に
    (D) 女性の机の中に

ボキャブラリー

- **expect** 動 待つ
- **package** 名 荷物
- **not ... anything but ~** （否定文で）〜のほかは何もない
- **somewhere else** ほかの場所に
- **drawer** 名 引き出し
- **next to** 〜の隣に

PART III ▶ 正解・解説

CD-2 ⑥

Questions 53-55 ★★　　　　　　　　　　　　　　男性 英 女性 米

53. 正解：(A)

[解説] 男性はまず She says that everyone must attend. と言った後、会議が全員出席である理由として、She has an announcement to make about some changes in the budget. と述べている。「予算の変更について発表がある」ということ。budget を finances に置き換えてパラフレーズした(A)が最適。finances と複数にすれば「財務状況」の意味になる。

54. 正解：(C)

[解説] 男性が会議の時間について at 3:00 と言ったのに対して、女性は isn't it at 2:00? と聞き直している。ここから、(C)の「彼女はそれが別の時間だと思っていた」が正解だと分かる。(A)の be supposed to という表現は会話でも使われているが、女性は I'm supposed to meet a new client. と言っており、予定されているのは会議への出席ではなく、顧客に会うことである。したがって、(A)は誤り。

55. 正解：(D)

[解説] 会議の時刻については、女性が isn't it at 2:00? と質問したのを受けて、男性が it was originally at 12:00, but was changed と説明している。元々は正午だったが、男性の最初の台詞にある 3:00 に変更されたのである。(D)が正解。時刻は会話中に4種類出てくるので、注意して聞きたい。

[スクリプト]
M: Hi Karen. The manager wanted me to remind everyone that there's an important meeting today at 3:00. She says that everyone must attend. She has an announcement to make about some changes in the budget. These changes will affect every department. That's why we all have to be there.
W: I heard about it, but isn't it at 2:00? I'm busy from 3:00 to 5:00. I'm supposed to meet a new client. I don't really want to cancel the appointment.
M: Well, it was originally at 12:00, but was changed. Maybe you should reschedule your appointment. The meeting is supposed to only be an hour long. You could tell your client to come a little later. I think that would be OK.

[スクリプトの訳]
男性：やあ、カレン。部長が僕に、今日3時から重要な会議があることを全員に伝えてほしいということなんだ。彼女によれば、全員が参加しなければならない。予算の変更点について発表があるそうだ。その変更はすべての部署に影響するから、僕たちは全員出席しなければならないんだよ。

会話問題

女性：そのことは聞いたけど、2時じゃなかった？ 私は3時から5時まで忙しいわ。新しい顧客と会うことになっているの。約束をキャンセルしたくないのよ。

男性：そう、もともとは12時だったけど、変更されたんだ。君の約束は変えたほうがよさそうだね。この会議は1時間だけのはずだよ。君の顧客には少し遅く来るように言えばいいんじゃないの。それで大丈夫だと思うよ。

設問・選択肢の訳

53. なぜ全員が会議に出席しなければならないのですか。
(A) 部長が会社の財務について話す。
(B) 部長が新しい顧客に会うことについて話す。
(C) 部長が経済の変化について話す。
(D) 部長がある告知について話す。

54. 女性は会議についてどう言っていますか。
(A) 彼女はそれに出席することになっている。
(B) 彼女はそこで顧客と会う。
(C) 彼女はそれが別の時間だと思っていた。
(D) 彼女はその予定を変更する必要がある。

55. 会議は何時ですか。
(A) 2時
(B) 12時
(C) 5時
(D) 3時

ボキャブラリー

☐ **remind** 動 思い起こさせる；気づかせる
☐ **budget** 名 予算　　　　　☐ **affect** 動 影響する
☐ **be supposed to do** ～することになっている
☐ **client** 名 顧客　　　　　☐ **cancel** 動 取り消す
☐ **originally** 副 最初は；もともとは
☐ **reschedule** 動 予定を変更する

PART III ▶ 正解・解説

CD-2 ❼

Questions 56-58 ★★　　　　　　　　　　男性 力 女性 豪

56. 正解：(A)
解説　女性は冒頭で顧客からの伝言として、something urgent to discuss with you（話し合いたい緊急の用件）があるとして、wants you to call him backと伝えている。wantは＜want + 人 + to do＞の形で使われると「人に〜してもらいたい」の意。顧客はJackに「折り返し電話をしてもらいたい」ので、(A)が正解である。また、女性が2回目の台詞でHe didn't give me a time.と言っているように、顧客は時間の指定をしていないので、(B)は不適切。

57. 正解：(C)
解説　女性は男性からI'm afraid I'll have to leave for a seminar in a few minutes.という状況を聞いた後、2回目の台詞でI can call himと言っている。これに対して、男性はtell him that I'll phone him at around 7:00.と女性に電話内容の指示をしている。したがって、女性がこれからすることは、(C)の「折り返し顧客に電話する」である。

58. 正解：(D)
解説　男性が最後にIt'll end at 6:15（Itは文脈からseminarを指す）と発言していることから、正解は(D)である。finishもendも「終了する」で同義。

スクリプト
W: Hi, Jack. Your client called about an hour ago. He says he has something urgent to discuss with you and wants you to call him back.
M: Did he say what time I should call him? I'm afraid I'll have to leave for a seminar in a few minutes. I won't be able to call him until it finishes.
W: He didn't give me a time. What time will it finish? I can call him and let him know that you're tied up this afternoon and will call him back this evening.
M: Thanks. It'll end at 6:15, but tell him that I'll phone him at around 7:00.

スクリプトの訳
女性：こんにちは、ジャック。あなたの顧客から1時間くらい前に電話がありました。彼は何か緊急に話し合いたいことがあるようで、折り返し電話してほしいと言っていました。
男性：彼は何時に電話すればいいか言っていなかったかい？　すまないけれど、あと数分でセミナーに出かけなければならないんだ。それが終わるまで彼には電話できないだろうね。
女性：彼は時間は指定していませんでした。セミナーは何時に終わるのですか。彼に電話して、あなたは午後忙しいので今夜電話しますと伝えます。
男性：ありがとう。セミナーは6時15分に終わるけど、彼には7時ごろに電話すると伝えてください。

会話問題

設問・選択肢の訳

56. 顧客はジャックに何をしてもらいたいですか。
    (A) 彼に折り返し電話をする
    (B) 特定の時刻に彼に折り返し電話をかける
    (C) 彼のオフィスに来る
    (D) 帰宅する

57. 女性は何をするでしょうか。
    (A) セミナーに出席する
    (B) 7時に男性に電話をかける
    (C) 折り返し顧客に電話する
    (D) 数分で出発する

58. セミナーは何時に終わりますか。
    (A) 数分で
    (B) 5時に
    (C) 7時に
    (D) 6時15分に

ボキャブラリー

- □ **urgent** 形 緊急の
- □ **be tied up** 忙しくて暇がない
- □ **leave for** 〜に向かって出発する
- □ **particular** 形 特定の

PART III ▶ 正解・解説

CD-2 ⑧

Questions 59-61 ★★　　　　　　　　　　　　　男性 力 女性 米

59. 正解：(D)
解説 女性は冒頭で、The system on mine crashedと発言している。このcrashが「故障する」という意味であることが分かるかどうかがポイント。(D)の「コンピュータが動かない」が正解である。

60. 正解：(A)
解説 男性は1回目の台詞で、I'll need it back by 3:00 this afternoon.と発言している。前置詞atは時の一点を表し、byは動作の完了時を表す。ここでは「3時ぎりぎりまでに」を意味する。したがって、(A)が正解。

61. 正解：(B)
解説 男性は1回目の台詞でI need to make a presentation across town todayと言っており、「今日はプレゼンをする」予定であることが分かる。そして、プレゼンの具体的な内容は2回目の台詞で、I'm introducing our new product line to the distributor.と説明している。「新しい製品ラインを販売代理店に紹介する」プレゼンなので、(B)の「新製品を紹介する」が正しい。

スクリプト
W: Do you mind if I use your computer? The system on mine crashed and I need to get a report done by 2:00 today.
M: No, I don't. You can use my laptop. But I need to make a presentation across town today so I'll need it back by 3:00 this afternoon.
W: That shouldn't be a problem. I think I can finish it in an hour or so. What's your presentation on?
M: I'm introducing our new product line to the distributor.

スクリプトの訳
女性：あなたのコンピュータを使わせてもらえないかしら？　私のコンピュータはシステムが故障してしまったのだけど、私は今日2時までに報告書を終えなければならないの。
男性：いいよ。僕のノートパソコンを使ってもらって。でも、今日は街を離れてプレゼンをしなければならないから、午後3時までに返してほしいんだけど。
女性：それは問題ないわ。1時間くらいで終えることができると思うから。何についてのプレゼンなの？
男性：販売代理店に新しい製品ラインを紹介するんだよ。

会話問題

設問・選択肢の訳

59. 女性の問題は何ですか。
(A) 彼女は自分の報告書を見つけられない。
(B) 彼女はノートパソコンを持っていない。
(C) 男性がコンピュータを持っていない。
(D) 彼女のコンピュータが動かない。

60. 女性は男性のコンピュータをいつ返却する必要がありますか。
(A) 午後3時に
(B) 正午までに
(C) 1時間くらい後で
(D) すぐに

61. 男性は今日、何をするでしょうか。
(A) プレゼントをいくつか買う
(B) 新製品を紹介する
(C) ノートパソコンを借りる
(D) 報告書を終える

ボキャブラリー

- **Do you mind if ~?** ～してもいいですか
- **crash** 動 クラッシュする；故障する
- **get ~ done** ～をやり終える
- **laptop** 名 ノートパソコン
- **introduce** 動 紹介する
- **product line** 製品ライン
- **distributor** 名 販売代理店；卸売業者

PART III ▶ 正解・解説

CD-2 ⑨

Questions 62-64 ★★　　　　　　　　　　　　男性 英　女性 豪

62. 正解：(C)
解説 女性は1回目の台詞で、Could you tell me the services you offer? と相手の会社の業務内容についてたずねている。この文のyou offerはthe servicesを修飾しており、(C)にあるthe firm hasと同様の意味と考えることができる。

63. 正解：(D)
解説 男性は女性の質問に対して、We help small business ownersと答えていることから、(D)の「中小企業の所有者」が正解である。

64. 正解：(D)
解説 女性は2回目の台詞で、I'd like to come in tomorrow at 4:00 and discuss this further with you. と明日この男性に会いたいという意向を告げている。したがって、(D)の「その男性と会う」が正解である。

スクリプト
M: Seacrest Consultant Service. How may I help you?
W: Hi. Could you tell me the services you offer?
M: Certainly, ma'am. We help small business owners with business plans, marketing, site selection, and staff selection so that they can run a successful business smoothly.
W: That's exactly what I'm looking for. I'd like to come in tomorrow at 4:00 and discuss this further with you.

スクリプトの訳
男性：シークレスト・コンサルタント・サービスです。ご用件をたまわります。
女性：こんにちは。御社が提供するサービスを教えていただけますか。
男性：かしこまりました。弊社は、中小企業経営者の方が成功した事業を円滑に運営できるように、事業計画、マーケティング、立地の選択、スタッフの採用のご支援をいたします。
女性：私の求めているものにぴったりです。明日の4時にそちらにうかがって、詳しくお話をしたいですね。

会話問題

設問・選択肢の訳

62. 女性は何を知りたいですか。
(A) この会社が何人のコンサルタントを雇用しているか
(B) この会社がセミナーを開催するかどうか
(C) この会社がどんなサービスを提供するか
(D) この会社が値引きをするかどうか

63. シークレスト・コンサルタント・サービスはだれを支援しますか。
(A) 社員の多い会社
(B) 事業計画を持っている会社
(C) 大企業の最高経営責任者
(D) 中小企業の所有者

64. 女性は明日、何をするでしょうか。
(A) 新しい事業を探す
(B) コンサルティング・サービス会社に電話する
(C) 事業を始める
(D) その男性と会う

ボキャブラリー

- **certainly** 副 もちろん；かしこまりました
- **small business** 中小企業
- **site** 名 用地；敷地
- **smoothly** 副 円滑に；順調に
- **further** 副 さらに；それ以上に
- **owner** 名 所有者；経営者
- **selection** 名 選ぶこと；選択
- **exactly** 副 まさに；ちょうど
- **own** 動 所有する

PART III ▶ 正解・解説

CD-2 ⑩

Questions 65-67 ★★   男性 英 女性 米

65. 正解：(D)

解説 女性がDo we have any more of the new product in stock?と質問したのに対して、男性はNo. We sold our last unit this morning.と答え、さらにI ordered 1,000 units last week but they haven't arrived yet.（先週1千個注文したが、まだ届いていない）と言っている。ここから、(D)の「在庫がない製品」が最適と分かる。out of stockは「品切れ；在庫切れ」の意。

66. 正解：(B)

解説 男性の台詞にあるIt's not like the manufacturer to be so late with an order.に注目。「注文品が遅れることはあまりない」という意味なので、このメーカーは通常はきちんと発送しているものと推測できる。したがって、(B)が最適である。It's like ... to do.は「～するとはいかにも…らしい」の意。

67. 正解：(B)

解説 女性は2回目の台詞で、I'd better call and see what's holding them up.＝「製造業者（manufacturer）に電話する」と、In the meantime, let's inform the customers that it's on backorder.＝「入荷待ちであることを顧客に伝える」という2つの行動を示唆している。1つ目が(B)に合致する。なお、電話をするのは注文するためではないので、(A)は不適当。

スクリプト

W: Do we have any more of the new product in stock? We had a few customers call and ask this morning, and Janet said that several orders just came in over the Internet.

M: No. We sold our last unit this morning. I ordered 1,000 units last week but they haven't arrived yet. It's not like the manufacturer to be so late with an order.

W: I'd better call and see what's holding them up. In the meantime, let's inform the customers that it's on backorder.

スクリプトの訳

女性： 新製品の在庫はまだありますか。今朝、数人のお客さんが電話で問い合わせてこられたのです。ジャネットは、インターネットで数件の注文が来たばかりだと言っていました。

男性： ないのですよ。今朝、最後の1個を販売してしまって。先週1千個を注文したんですが、まだ届いていないのです。注文がこんなに遅れるのはあのメーカーらしくないんですけどね。

女性： メーカーに電話して、どうして注文が滞っているのか確かめた方がいいですね。その間にお客さんに入荷待ちになっていることを知らせましょう。

会話問題

設問・選択肢の訳

65. 話者たちは何を話し合っていますか。
(A) 1週間に1千個売れる製品
(B) 銀行強盗
(C) 注文を受けなかった製造業者
(D) 在庫がない製品

66. 男性は何をほのめかしていますか。
(A) 製造業者はいつも注文品が遅れる。
(B) 製造業者は通常、期日に注文品を送る。
(C) 製造業者はあまりに忙しくて、注文品を発送できない。
(D) 製造業者は注文品を発送するのを忘れた。

67. 女性は次に何をするでしょうか。
(A) 新製品をもっと注文する
(B) 製造業者に電話する
(C) 在庫の残りを売却する
(D) 別の製品を見つける

ボキャブラリー

- ☐ **have ~ in stock** 〜を在庫として持っている
- ☐ **customer** 名 顧客
- ☐ **order** 名 注文（品） 動 注文する
- ☐ **unit** 名 (製品の) 個数
- ☐ **manufacturer** 名 製造業者；メーカー
- ☐ **hold up** 〜を遅らせる
- ☐ **in the meantime** その間（に）
- ☐ **inform** 動 通知する；報告する
- ☐ **backorder** 名 入荷待ち
- ☐ **holdup** 名 強盗；ホールドアップ

PART III ▶ 正解・解説

CD-2 ⑪

Questions 68-70

68. 正解：(B)

解説 男性は1回目の台詞で、can we get out of our seats and move around the cabin during the flight?と聞いている。ここから、「席を離れて」「機内を歩きたい」ことが分かる。(B)か(C)に可能性があるが、男性は2回目の台詞でI need to move around a bit from time to time so my legs won't get cramped.と言っていることから、席を離れて歩きたいのは、「今すぐ」という差し迫った要望でないことが理解できる。したがって、(B)を選ぶ。

69. 正解：(D)

解説 the Captainの行動については、女性がthe Captain will probably leave the sign on most of the time.と発言している。したがって、(D)が正解。なお、leave 〜 onとleave on 〜は目的語の位置が違うだけで、「〜をつけたままにしておく」で同じ意味。

70. 正解：(C)

解説 男性は2回目の台詞でI need to move around ... so my legs won't get cramped.と言っている。crampedは「(脚が)つった」という意味。現在分詞になっているが同じcrampが使われている(C)が正解。

スクリプト

M: Excuse me, can we get out of our seats and move around the cabin during the flight?
W: Yes, sir. But only when the "fasten seatbelts" sign is off. But we're expecting turbulence so the Captain will probably leave the sign on most of the time. He'll make an announcement about the turbulence shortly.
M: I understand. But I won't be able to sit for the entire flight. I need to move around a bit from time to time so my legs won't get cramped.
W: That's fine, sir. But please be sure to remain seated if we have turbulence.

スクリプトの訳

男性：すみません、飛行中に席を離れて客室の中を歩いてもいいですか。
女性：大丈夫です。ですが、「シートベルト着用」サインが消えているときのみとしてください。しかし、揺れが予想されますので、おそらくほとんどの時間は機長がサインを点けたままにするでしょう。彼は揺れについてまもなくアナウンスします。
男性：分かりました。でも飛行中ずっとは座っていられません。足がつらないように時々動き回る必要がありますからね。
女性：それは結構ですよ。でも揺れがあるときは必ず席についてください。

会話問題

設問・選択肢の訳

68. この男性について何が推測できますか。
(A) 彼は飛行中に揺れに巻き込まれたくない。
(B) 彼は飛行中に席を離れたい。
(C) 彼は今すぐ客室を歩きたい。
(D) 彼は機長にすぐにアナウンスをしてもらいたい。

69. 機長は何をするでしょうか。
(A) 男性と揺れについて話す
(B) 人々に機内を歩いてもいいと告げる
(C) アナウンスをする
(D) 「シートベルト着用」サインをつけたままにしておく

70. 男性は何を心配していますか。
(A) 揺れ
(B) 機体が動くこと
(C) 彼の脚のけいれん
(D) フライトの間立っていること

ボキャブラリー
- move around 動き回る
- cabin 名 客室；機内
- fasten 動 締める；着用する
- turbulence 名 揺れ；乱気流
- captain 名 機長
- leave on 〜を点けたままにしておく
- shortly 副 間もなく
- entire 形 すべての
- from time to time 時々
- get cramped けいれんをおこす；つる
- go off 消える

PART IV ▶ 正解・解説

CD-2 ⑬

Questions 71-73 ★★ 英

71. 正解：(D)
解説 前半に出てくるa tour of our facilities（当社施設の案内）、stainless steel tanks（ステンレススチールのタンク）、manufacturing our soft drinks（当社のソフトドリンクを製造する）などから、(D)の「工場で」に特定できるはず。

72. 正解：(A)
解説 案内係はI'm Dan Barton, and I'll be giving you a tour of our facilities today.と自己紹介した後、すぐにPlease look at the huge stainless steel tanks on the right.と施設内のガイドを始めている。ここから、団体がまず見学するのは(A)の「右側のステンレススチールのタンク」である。

73. 正解：(C)
解説 設問にあるin the room in the backという表現は、トークの終わりのほうのwe fill empty cans and bottles with the finished mixture in the room in the back.という文で使われている。「後方の部屋」で行われる工程は、「空き缶と空き瓶にでき上がった混合液を注入する」ことである。「瓶と缶が詰められる」とする(C)が正しい。本文は能動態だが、この選択肢では受動態になっている点に注意。

スクリプト Questions 71 through 73 refer to the following talk.

Hi. I'm Dan Barton, and I'll be giving you (71)a tour of our facilities today. (71)(72)Please look at the huge stainless steel tanks on the right. The first ingredient used when (71)manufacturing our soft drinks is water, and the water is purified in those tanks. After this process, we add various other ingredients such as flavorings and sweeteners. Next, we pipe the mixture into those huge refrigeration systems on the left to go through the carbonation process. We can control the level of carbonation depending on the drink. After that, (73)we fill empty cans and bottles with the finished mixture in the room in the back. After this process, the filled bottles and cans go to the last step, which is the packaging process.

スクリプトの訳 設問71～73は次のトークに関するものです。

こんにちは。ダン・バートンと申します。本日は私が(71)当社の施設を案内させていただきます。(71)(72)右手にある巨大なステンレススチールのタンクをごらんください。(71)清涼飲料水を製造するときに使用する最初の原料は水です。そして、その水はこれらタンクの中で精製されます。この工程の後で、香料や甘味料など他のさまざまな原料を加え

説明文問題

ます。次に、炭酸化の工程を経るために、左側の巨大な冷却装置に混合物を送り込みます。私たちはそれぞれの飲み物によって、炭酸化のレベルを調節することができます。その後で、(73)<u>私たちは後方の部屋で、でき上がった混合物を空き缶と空き瓶に詰めます</u>。この工程の後に、充填された瓶と缶は包装工程という最終段階に移されます。

設問・選択肢の訳

71. このトークはどこで行われていますか。
(A) レストランで
(B) コンビニで
(C) スーパーマーケットで
(D) 工場で

72. この団体は最初に何を見学しますか。
(A) 右側のステンレススチールのタンク
(B) 左側のステンレススチールのタンク
(C) 右側の冷凍システム
(D) 左側の冷凍システム

73. 後方の部屋では何が行われますか。
(A) 飲料品が箱詰めされる。
(B) 甘味料と香料が添加される。
(C) 瓶と缶が詰められる。
(D) 炭酸化のレベルが調整される。

ボキャブラリー

- **facilities** 名 設備；施設
- **huge** 形 非常に大きい
- **stainless steel** ステンレス（製の）
- **ingredient** 名 原料；材料；内容物
- **manufacture** 動 製造する
- **purify** 動 不純物を取り除く；精製する
- **add** 動 加える
- **flavoring** 名 香料
- **sweetener** 名 （人工）甘味料
- **pipe** 動 （気体・液体を）管で送る
- **mixture** 名 混合物
- **refrigeration** 名 冷却
- **go through** 〜を経る；〜を経験する
- **carbonation** 名 炭酸ガスを含ませること
- **depending on** 〜によって；〜に応じて
- **packaging** 名 包装

模擬テスト2

PART IV ▶ 正解・解説

CD-2 ⑭

Questions 74-76 ★ 米

74. 正解：(C)

解説 まず、冒頭のWelcome, runners, to the City to Sea Marathon.から、このアナウンスがマラソン大会に参加したランナーに向けたものだと分かる。次にThe course today will begin ...で「コース」、The winner today will take home a cash prize ...で「賞金」、Please pick up your number ...で「ゼッケン」について、説明されている。「走るレースを紹介すること」とする(C)が最適。

75. 正解：(B)

解説 Everyone who finishes the race will receive a certificate（レースの完走者全員が証明書をもらえる）が聞き取れれば、(B)が選べる。全員が賞金をもらえるわけではないので(A)は誤り。ゼッケンが必要と言っているので(C)も誤り。最後に「レースは3時に終わる」と述べられているが、(D)のように「参加者が完走しなければならない」わけではない。

76. 正解：(D)

解説 アナウンスの最後にThe race will start in approximately a half hourとあることから、レースが始まるのは「30分後」。したがって、(D)が正解。

スクリプト **Questions 74 through 76 refer to the following announcement.**

(74)Welcome, runners, to the City to Sea Marathon. The course today will begin at the City Hall downtown and finish at the entrance of Boardway Beach. It is a 15.5 mile course. The winner today will take home a cash prize of $2,500. The second place runner will receive $1,000, and $500 goes to the one who takes third place. (75)Everyone who finishes the race will receive a certificate. Please pick up your number at the information booth in front of City Hall if you haven't already. You will not be able to participate in the race without a number. (76)The race will start in approximately a half hour and finish by 3:00.

スクリプトの訳 設問74～76は次のアナウンスに関するものです。

(74)ランナーの皆さん、シティ・トゥ・シー・マラソンへようこそ。今日のコースは、都心部の市庁舎から始まり、ボードウェー・ビーチの入口で終わります。15.5マイルのコースです。今日の優勝者には2500ドルの賞金を贈呈いたします。2位のランナーは1000ドル、3位は500ドルの賞金です。(75)レースの完走者全員に証明書が発行されます。まだゼッケンをもらっていない方は、市庁舎正面の案内所で受け取ってください。ゼッケンなしでレースに参加することはできません。

説明文問題

(76)レースは約30分後に始まり、3時までに終わる予定です。

設問・選択肢の訳

74. このアナウンスの主な目的は何ですか。
(A) カーレースについて説明すること
(B) レースのトップ3の勝者に賞を授与すること
(C) 走るレースを紹介すること
(D) 人々にレースのゼッケンを知らせること

75. レースの参加者について話者は何と言っていますか。
(A) 彼らは賞金がもらえる。
(B) 彼らは完走したら証明書をもらえる。
(C) 彼らはゼッケンなしで走ることを許される。
(D) 彼らは3時までに完走しなければならない。

76. レースはいつ始まりますか。
(A) 3時に
(B) 15分後に
(C) 5分後に
(D) 30分後に

ボキャブラリー
- **city hall** 市庁舎；市役所
- **cash prize** 賞金
- **certificate** 名証明書
- **information booth** 案内所
- **approximately** 副およそ；だいたい
- **downtown** 副都心部へ（に・で）
- **place** 名順位；入賞
- **pick up** 手に取る；取ってくる
- **participate** 動参加する

模擬テスト2

123

PART IV ▶ 正解・解説

CD-2 ⑮

Questions 77-78 ★★

77. 正解：(C)

解説　the maintenance crew will comeの後に場所と日時が続き、それからto clean out the air conditioning units in each apartment（アパートの各部屋に空調設備の清掃に行くために）と、その訪問の目的が示されている。理由や目的は不定詞の副詞的用法で示されることがある。Whyでたずねられた質問の場合には不定詞にも注意したい。

78. 正解：(C)

解説　I believe that apartments 102 and 306 have faulty units.のunitsは、前文にhave problems with their air conditionersとあることから、空調設備を指すことが分かる。一方、308号室と202号室はplumbing（配管）の問題である。したがって、「102号室と306号室」とする(C)が正解。

79. 正解：(D)

解説　plumber（配管工）という言葉は、終わりのほうのWe've already contacted a plumber and he's available to go down to the apartment building on Saturday the 27th.に出てくる。ここから、配管工がアパートに来るのは27日の土曜日だと分かる。したがって(D)が正解。25日と26日はmaintenance crewが空調設備の清掃に来る日である。

スクリプト　Questions 77 through 79 refer to the following recorded message.

Hi Linda. Joseph here. I just wanted to let you know that the maintenance crew will come to the apartment building on Thursday the 25th and Friday the 26th ⁽⁷⁷⁾to clean out the air conditioning units in each apartment. They will need to be let inside the apartments between 10:00-2:00 on both days. Please ask the residents to let us know if they will not be in their apartments at those times. Please tell those residents that have problems with their air conditioners to make an appointment with us and we'll send a repairperson down. ⁽⁷⁸⁾I believe that apartments 102 and 306 have faulty units. Also, apartments 308 and 202 have asked that someone come down and have a look at the plumbing in their apartments. ⁽⁷⁹⁾We've already contacted a plumber and he's available to go down to the apartment building on Saturday the 27th. Please ask those residents if that is a convenient day for them. Call me and let me know. Thanks.

説明文問題

スクリプトの訳

設問77〜79は次の録音メッセージに関するものです。

こんにちは、リンダ。ジョセフです。25日の木曜日と26日の金曜日に、保守整備員がアパートの ⁽⁷⁷⁾各部屋に空調設備の清掃に行くことをお知らせいたします。両日の10時から２時の間、保守整備員は室内に入る必要があります。この時間帯にアパートにいない場合は私共に知らせてほしい旨、居住者の方にお願いしてください。空調設備に問題のある居住者の方には、予約をしていただければ修理工を派遣しますとお伝えください。⁽⁷⁸⁾ 102号室と306号室は設備に問題があるはずです。また、308号室と202号室からは配管設備の点検を依頼されています。⁽⁷⁹⁾ 私共はすでに配管工に連絡をとっており、彼は27日の土曜日にアパートに向かうことになっています。これらの居住者の方々には、その日が都合がいいかどうか聞いていただけますでしょうか。電話で知らせてください。ありがとう。

設問・選択肢の訳

77. なぜ保守整備員がアパートに来るのですか。
(A) 空調設備を交換するため
(B) すべての空調設備を取り外すため
(C) 空調設備を清掃するため
(D) 新しい空調設備を設置するため

78. どのアパートの部屋に修理の必要な空調設備がありますか。
(A) 102号室と308号室
(B) 308号室と202号室
(C) 102号室と306号室
(D) 202号室と306号室

79. 配管工がアパートを訪問できるのはいつですか。
(A) 25日の木曜日
(B) 26日の金曜日
(C) 明日
(D) 27日の土曜日

ボキャブラリー

- **maintenance** 名 保守；メンテナンス
- **crew** 名 (共同の仕事に従事する) 一団；チーム
- **clean out** 〜を清掃する
- **unit** 名 設備；器具
- **resident** 名 居住者
- **make an appointment** 約束をする；予約をとる
- **send down** 〜を派遣する
- **repairperson** 名 修理工
- **faulty** 形 欠陥のある
- **plumbing** 名 配管設備；配管工事
- **plumber** 名 配管工
- **convenient** 形 都合がよい
- **replace** 動 交換する
- **take out** 取り外す

PART IV ▶ 正解・解説

CD-2 ⑯

Questions 80-82 ★★

80. 正解：(D)
解説 すべての選択肢にあるagoに注目して聞くと、最初のほうでMr. Forsythe started his search engine business ten years agoと述べられている。(D)が正解。

81. 正解：(C)
解説 Claire HanesはAlso, Claire Hanes, CEO of the popular auction site Stuff for Saleと紹介されている。人物の後にコンマを入れ、同格としてその人物の追加説明をする言い方である。Claire Hanesに続いているのは、CEO of the popular auction siteなので、(C)が正解である。

82. 正解：(A)
解説 she followed his successful business modelの部分を聞き取ろう。文脈からsheはClaire Hanesであり、hisはMr. Forsytheを指す。followをcopyに、modelをpatternに言い換えた(A)が正解である。

スクリプト Questions 80 through 82 refer to the following radio broadcast.

Hello listeners. Thanks for tuning in to IT talk radio. Today we have Stan Forsythe, the CEO of the Internet search engine Search4U as our guest in the studio. (80)Mr. Forsythe started his search engine business ten years ago and had only a handful of users and today it has blossomed into a huge billion-dollar business. His business has inspired other major search engine businesses such as Global Search and Web Master. (81)Also, Claire Hanes, CEO of the popular auction site Stuff for Sale, credits him for inspiring her booming business. She recently told us on this show that (82)she followed his successful business model. The list of successful Internet businesses seems to be endless these days, from friend and chat sites to blogs, and I'm sure Mr. Forsythe can be credited for inspiring them all. We are fortunate to have him with us today to tell us what he thinks about the future of Internet businesses, and give some advice to Internet start-ups.

スクリプトの訳 設問80〜82は次のラジオ放送に関するものです。

リスナーの皆さん、こんにちは。ITトークラジオをお聞きいただきありがとうございます。今日はスタジオにゲストとして、インターネット検索エンジン、サーチ4Uの最高経営責任者、スタン・フォーサイス

説明文問題

さんをお迎えしています。(80)フォーサイスさんは10年前に検索エンジン事業をスタートし、当時はわずかな利用者しかいなかったものが、今日では10億ドル規模の巨大企業へと発展しました。彼の事業はグローバル・サーチやウェブ・マスターのような他の大手検索エンジン会社を刺激してきました。(81)また、人気のオークションサイトのスタッフ・フォー・セールの最高経営責任者であるクレア・ヘインズさんは、彼女の急成長事業は彼のおかげだとしています。彼女は最近、この番組で(82)彼の成功した事業モデルに従ったことを私たちに披露してくれました。成功しているインターネット企業は昨今、お友達サイトやチャットサイトからブログまで際限がありません。フォーサイスさんは彼らすべてに影響を与えたと言ってもいいでしょう。今日、私たちは幸運なことに、フォーサイスさんにインターネット・ビジネスの将来についてのお考えをうかがえるほか、インターネットの新規事業についてのアドバイスもいただけます。

設問・選択肢の訳

80. フォーサイスさんはいつ検索エンジンの事業を始めましたか。
(A) 10時間前
(B) 10カ月前
(C) 10週間前
(D) 10年前

81. クレア・ヘインズさんはどんな種類の事業を持っていますか。
(A) お友達サイト
(B) チャットサイト
(C) オークションサイト
(D) 検索エンジン会社

82. クレア・ヘインズさんは何をしましたか。
(A) 彼女はフォーサイスさんのビジネスモデルを模倣した。
(B) 彼女はフォーサイスさんが出勤するのについていった。
(C) 彼女はフォーサイスさんのところで働き始めた。
(D) 彼女はフォーサイスさんのためにモデルになった。

ボキャブラリー

- ☐ **tune in to** 〜に周波数（チャンネル）に合わせる
- ☐ **Internet search engine** インターネット検索エンジン
- ☐ **a handful of** 少数の〜　　☐ **blossom** 動 成長する；発展する
- ☐ **huge** 形 莫大な；巨大な
- ☐ **billion-dollar** 形 10億ドル規模の
- ☐ **inspire** 動 勇気づける；触発する　☐ **auction site** オークションサイト
- ☐ **credit** 動 〜のおかげだと思う　☐ **booming** 形 成長著しい
- ☐ **endless** 形 果てしない
- ☐ **blog** 名 ブログ（日記形式のホームページ）
- ☐ **fortunate** 形 （〜するとは）幸運な
- ☐ **start-up** 名 新興企業；起業

PART IV ▶ 正解・解説

CD-2 ⑰

Questions 83-85 ★★ 英

83. 正解：(C)

解説 冒頭部分にI introduce the next bandという表現があり、アナウンスの終わりはNow let's move on to the next act. Enjoy the show.で締めくくられている。ここから、(C)の「コンサートで」が正解である。

84. 正解：(D)

解説 All proceeds from DVD sales will go directly to the Aid for the Globe organizationの部分を聞き取ろう。proceedは自動詞では「続ける；進行する」の意だが、名詞で使えば「収益」の意。proceedsをmoneyに言い換えた(D)が正解。CDも出てくるので、しっかり区別して聞きたい。

85. 正解：(D)

解説 the East Wingは最後のほうに出てくる。Also, don't forget to visit the various NPO groups that have set up booths in the East Wing.とあることから、(D)の「NPOのブース」が正解と分かる。

スクリプト Questions 83 through 85 refer to the following announcement.

Before (83)I introduce the next band, I'd like to remind all of you of some of the things that we have for sale in the West Wing. We are currently recording the festivities today, so if you want a nice reminder of today's event, you can pick up the DVD after the show. It costs only $18.99, and will be ready to sell five minutes after the show. (84)All proceeds from DVD sales will go directly to the Aid for the Globe organization, which is currently providing shelter, food and clean water to people in impoverished nations. We also have CDs from all of the bands performing today on sale as well as other merchandise from them. There are T-shirts and other clothing items, as well as buttons, books and magazines. (85)Also, don't forget to visit the various NPO groups that have set up booths in the East Wing. Some are accepting donations and others are in need of volunteers. (83)Now let's move on to the next act. Enjoy the show.

スクリプトの訳 設問83〜85は次のアナウンスに関するものです。

(83)次のバンドをご紹介する前に、皆さんに西ウィングで販売中のものについてお知らせしたいと思います。私共は現在、今日の祭典を録画しています。今日の催しの記念品をご要望でしたら、ショーの後に

説明文問題

DVDをお買い求めください。価格はわずか18ドル99セントで、ショーの終了後5分でご用意いたします。(84)DVD販売による収益はすべて「エイド・フォー・ザ・グローブ機構」に直接送られます。この団体は現在、貧しい国の人々に保護施設、食料、清潔な水を提供しています。私共はまた、今日出演しているすべてのバンドのCDや他の商品も取りそろえております。Tシャツやその他衣料品をはじめ、ボタン、本、雑誌もあります。(85)また、東ウィングにブースを設置しているさまざまなNPO団体にもぜひお立ち寄りください。募金を受け付けているところもあれば、ボランティアを募集しているところもあります。(83)それでは次のプログラムに移りましょう。ショーをお楽しみください。

設問・選択肢の訳

83. このアナウンスはどこで行われていますか。
(A) 空港で
(B) DVDレンタルショップで
(C) コンサートで
(D) 衣料品店で

84. 「エイド・フォー・ザ・グローブ機構」に行くのは何ですか。
(A) 保護施設、食料、清潔な水
(B) CD販売の収益
(C) Tシャツと他の衣料品
(D) DVD販売のお金

85. 東ウィングには何がありますか。
(A) 販売用のDVD
(B) ボタン、本、雑誌
(C) Tシャツと衣料品
(D) NPOのブース

ボキャブラリー

- **currently** 副 現在は；今は
- **reminder** 名 記念（品）
- **aid** 名 援助
- **organization** 名 組織；団体
- **shelter** 名 保護施設；避難所
- **perform** 動 （楽器などを）演奏する
- **merchandise** 名 商品
- **NPO (= non-profit organization)** 名 非営利団体
- **donation** 名 寄付（金）
- **move on to** （次の話題・目的地に）移る
- **act** 名 出しもの；演芸
- **festivity** 名 催し物；行事
- **proceed** 名 収益；売り上げ
- **globe** 名 地球
- **provide** 動 供給する；提供する
- **impoverished** 形 貧困に陥った
- **in need of** ～を必要としている

PART IV ▶ 正解・解説

CD-2 ⑱

Questions 86-88 ★★ 米

86. 正解：(C)
解説 冒頭のI'll be taking your order this evening.から、料理の紹介と分かるが、その内容は順番にsome of the specials→fish entrée→meat entrée→vegetarian dishとなっている。entréeは「主料理」の意。したがって、「レストランのメインディッシュを紹介すること」とする(C)が最適。(A)は肉料理に限っている点、(D)は「メニューすべて」となっている点がそれぞれ不適当。

87. 正解：(D)
解説 Our fish entréeに続く部分に注意して聞こう。served with a light pineapple sauce、choose either bread or salad、the chef salad or the garden saladとあるので、「パンまたはサラダ」とする(D)が正しい。bread and saladでない点に注意。

88. 正解：(C)
解説 Our soup of the day is tomato.が聞き取れれば、簡単に(C)が選べる。

スクリプト Questions 86 through 88 refer to the following short talk.

Hi. I'm Sandra, and I'll be taking your order this evening. First, I'd like to let you know about (86)some of the specials we have here at Sam's Bistro. Our (86)fish entrée is (87)Hawaiian Mahi Mahi grilled and served with a light pineapple sauce. You can choose either bread or salad to go with it. The salad choices are the chef salad or the garden salad. Our (86)meat entrée is Texan Top Sirloin prepared to your liking and served with homemade mashed potatoes and assorted vegetables. Our (86)vegetarian dish for the evening is pasta with sautéed vegetables. You can choose either soup or salad to go with that. (88)Our soup of the day is tomato. All specials come with your choice of coffee or tea after the meal. I'll give you a few more minutes to decide and then come back for your order.

スクリプトの訳 設問86〜88は次のショートトークに関するものです。

いらっしゃいませ。サンドラが今晩の注文をうかがいます。まずは、当店サムズ・ビストロの (86)お勧め料理をご紹介しましょう。(86)魚のアントレは (87)ハワイのマヒマヒのグリルに、低カロリーのパイナップルソースをかけたものです。ご一緒にパンかサラダをお選びいただけます。サラダはシェフサラダか、ガーデンサラダです。(86)肉のアントレ

説明文問題

はテキサスのトップサーロインをお好みの火加減で焼いたもので、付け合わせは自家製マッシュポテトと野菜の盛り合わせです。今晩の(86)菜食主義料理は炒めた野菜を添えたパスタとなっております。ご一緒にスープかサラダをお選びいただけます。(88)本日のスープはトマトです。すべての特別料理には食後にコーヒーか紅茶がつきます。しばらく時間をかけてお選びください。後ほどご注文をうかがいにまいります。

設問・選択肢の訳

86. このトークの主な目的は何ですか。
　(A) レストランの特別な肉料理を紹介すること
　(B) レストランの特別施設を紹介すること
　(C) レストランのメインディッシュを紹介すること
　(D) レストランのメニューの料理すべてを紹介すること

87. 魚のアントレと一緒に出されるのは何ですか。
　(A) スープまたはサラダ
　(B) スープとサラダ
　(C) パンとサラダ
　(D) パンまたはサラダ

88. 本日のスープは何ですか。
　(A) 野菜
　(B) マヒマヒ
　(C) トマト
　(D) サーロイン

ボキャブラリー

- □ **special** 名お勧め料理；特別料理
- □ **entrée** 名食事の主料理；メインディッシュ；アントレ
- □ **grilled** 形グリルした；網焼きの　□ **light** 形低カロリーの
- □ **go with** 〜に付く；〜に添えられる
- □ **liking** 名嗜好；趣味　　　□ **homemade** 形自家製の；手製の
- □ **mashed potato** マッシュポテト　□ **assorted** 形種々雑多の
- □ **vegetarian** 形菜食主義(者)の
- □ **sautéed** 形ソテーされた；炒められた

PART IV ▶ 正解・解説

CD-2 ⑲

Questions 89-91 ★★　　　カ

89. 正解：(C)

解説 The far left lane of Highway 12はアナウンスの冒頭近くに出てくる。続いて has been closed down due to an accident involving a truckとあるので、閉鎖の原因は「トラックを巻き込んだ事故」である。(C)が正解。due toは原因・理由を表す前置詞句としてよく使われる。

90. 正解：(B)

解説 the left lane is due to open up again in an hour.に注目。inは「（現在から）〜後に」という時間の経過を表す前置詞である。正解の(B)でも同じ表現が使われている。

91. 正解：(A)

解説 設問と同じ表現であるdue to bridge maintenance operationsに続いてthe right lane of Gateway Bridge is closed.と述べられている。また、次の文ではThere have been no reports of heavy traffic on the bridge.とあり、「ゲートウェー橋は右車線が閉鎖されているが、渋滞は起きていない」ことが理解できる。is closedがhas closedに言い換えられているが、(A)しか適切な選択肢はない。

スクリプト Questions 89 through 91 refer to the following report.

Hi. I'm Rick Owen with your on the hour traffic report. (89)The far left lane of Highway 12 has been closed down due to an accident involving a truck. This has caused traffic to back up all the way from the Highland overpass to the Forster Drive exit. Highway maintenance crews are at the scene and (90)the left lane is due to open up again in an hour. Commuters are being redirected to Highway 5 to ease congestion. (91)Also, due to bridge maintenance operations, the right lane of Gateway Bridge is closed. There have been no reports of heavy traffic on the bridge. There's a stalled vehicle on the left lane of Oak Road that is causing traffic to back up one mile. Traffic seems to be running smoothly on Highway 4 and on the Reed Expressway. Drive carefully, and enjoy your commute.

スクリプトの訳 設問89〜91は次のリポートに関するものです。

こんにちは。リック・オーウェンが正時の道路交通情報をお伝えいたします。(89)ハイウェー12号線の左端車線はトラックを巻き込む事故のため現在通行できません。この事故の影響で、ハイランド陸橋からフォスタードライブ出口までずっと渋滞しています。ハイウェー整備員

説明文問題

が現場で作業中で、⁽⁹⁰⁾<u>左車線は1時間後に再開の予定</u>です。通勤ドライバーは混雑を緩和するためにハイウェー5号線に誘導されています。⁽⁹¹⁾<u>また、橋の整備作業のために、ゲートウェー橋の右車線が閉鎖中です</u>。橋の上での渋滞はない模様です。オークロードの左車線に立ち往生している車があり、1マイルの渋滞を引き起こしています。ハイウェー4号線とリード・エクスプレスウェーでは車は順調に流れているようです。運転に注意して、通勤をお楽しみください。

設問・選択肢の訳

89. ハイウェー12号線の左端車線はなぜ閉鎖されているのですか。
(A) 左車線にエンストした車があった。
(B) 渋滞していた。
(C) トラックを巻き込む事故があった。
(D) ゲートウェー橋が閉鎖されている。

90. 左車線はいつ再開されるでしょうか。
(A) 数日後
(B) 1時間後
(C) 1週間後
(D) すぐに

91. 橋の保守整備作業によって何が起こりましたか。
(A) ゲートウェー橋の右車線が閉鎖された。
(B) ゲートウェー橋は1週間閉鎖されている。
(C) ゲートウェー橋は架け替えられる。
(D) 1マイルにわたって渋滞している。

ボキャブラリー

- **on the hour** 正時の(に)
- **close down** 閉鎖する
- **involve** 動 含む；伴う
- **back up** （交通などが）滞る
- **overpass** 名 陸橋；歩道橋
- **be due to** 〜することになって
- **redirect** 動 方向を変える
- **operation** 名 作業
- **stall** 動 立ち往生させる；エンストさせる
- **vehicle** 名 乗り物；車
- **lane** 名 車線
- **due to** 〜のために
- **cause** 動 原因となる
- **all the way** 途中ずっと
- **scene** 名 （事故などの）現場
- **commuter** 名 通勤者；通学者
- **congestion** 名 混雑；渋滞

PART IV ▶ 正解・解説

CD-2 ⑳

Questions 92-94 ★ 豪

92. 正解：(C)
解説 We have now begun boarding passengers for flight 292 と、292便の搭乗開始の案内をした後、Please have your boarding pass ready at gate 26. と搭乗ゲートを紹介している。(C)が正解である。

93. 正解：(D)
解説 Those with strollers or oversized carry-on items に続いて、should talk to the attendant at the gate immediately と述べられている。「係員に話す」という選択肢は(A)と(D)だが、アナウンスには immediately（すぐに）とあるので、now としている(D)を選ぶ。なお、those は「人々」の意で、この用法のときには後ろに修飾語句を伴うことも覚えておきたい。

94. 正解：(A)
解説 このフライトの出発時刻については、Flight 292 is scheduled to depart in 25 minutes. と述べられているだけ。予定より早いか遅いかの情報はないので、「30分以内に出発する」という(A)を選ぶ。冒頭近くに bound for Los Angeles とあるので、出発地がロサンゼルスとする(D)は誤り。

スクリプト Questions 92 through 94 refer to the following announcement.

Attention all passengers. We have now begun boarding passengers for flight 292 bound for Los Angeles. (92)Please have your boarding pass ready at gate 26. We will begin boarding those passengers that have seats in first class, disabled passengers, and passengers with babies or small children. After that we will seat those who are business class passengers followed by those who have tickets for economy class. We'd like to remind you that you are only allowed one piece of carry-on luggage on board. (93)Those with strollers or oversized carry-on items should talk to the attendant at the gate immediately. (94)Flight 292 is scheduled to depart in 25 minutes. We'd like to start boarding those passengers for first class now. Rows number 1-10 may now begin boarding. Thank you.

スクリプトの訳 設問92〜94は次のアナウンスに関するものです。

乗客の皆様にお知らせいたします。ただ今、ロサンゼルス行き292便のお客様の搭乗を開始いたしました。(92)26番ゲートにて搭乗券をご用意ください。ファーストクラスのお客様、障害をお持ちのお客様、乳児または幼児をお連れのお客様から搭乗をご案内いたします。その後、

説明文問題

ビジネスクラスのお客様、続いてエコノミークラスのチケットをお持ちのお客様をお席にご案内いたします。機内に持ち込める手荷物は1つのみです。⁽⁹³⁾<u>ベビーカーまたは規定より大きな手荷物をお持ちのお客様はすぐに搭乗ゲートの係員にお声をおかけください。</u>⁽⁹⁴⁾<u>292便は25分後に出発する予定です。</u>今からファーストクラスのお客様の搭乗を開始いたします。第1列から第10列までのお客様は今からご搭乗ください。ありがとうございます。

設問・選択肢の訳

92. どのゲートで搭乗が行われていますか。
   (A) 22番ゲート
   (B) 29番ゲート
   (C) 26番ゲート
   (D) 25番ゲート

93. 規定よりも大きい機内持ち込み手荷物を持った乗客は何をしなければなりませんか。
   (A) 搭乗後、客室乗務員に話す
   (B) 搭乗券を用意しておく
   (C) すぐに搭乗を開始する
   (D) 今すぐ係員に話す

94. このフライトについて何が推測できますか。
   (A) それは30分以内に出発する。
   (B) それは25分遅れる。
   (C) それは予定よりも早く出発する。
   (D) それはロサンゼルスから出発する。

ボキャブラリー

- □ **passenger** 名乗客；旅客
- □ **bound for** ～行きの
- □ **disabled** 形身体に障害のある
- □ **carry-on luggage** 機内持ち込み手荷物
- □ **on board** 機内に
- □ **stroller** 名ベビーカー
- □ **oversized** 形特大の；大きすぎる
- □ **attendant** 名係員
- □ **row** 名座席の列
- □ **board** 動搭乗させる
- □ **boarding pass** 搭乗券
- □ **piece** 名1つ；1個
- □ **those** 代人々
- □ **item** 名品目
- □ **depart** 動出発する
- □ **baggage** 名荷物

PART IV ▶ 正解・解説

CD-2 ㉑

Questions 95-97 ★★ 英

95. 正解：(D)

解説 冒頭近くのThank you for shoppingから、まず(A)のIn a caféは除外できる。その後に出てくるproduce department（青果物コーナー）、meat department（精肉コーナー）、bakery（ベーカリー）などの語句から、(D)の「食料雑貨店」に絞り込める。

96. 正解：(A)

解説 30 percentという数字は、carrots, lettuce and broccoli have all been marked down by 30 percentの部分で使われている。ここから(A)が正解と分かる。

97. 正解：(A)

解説 設問ではthe next dayだが、アナウンス中ではtomorrowになっている点に注意。Come back to Monroe's tomorrow to shop and enjoy savings on cereal and snack items.から、「シリアルとスナック類のセールをする」という(A)が正解である。

スクリプト **Questions 95 through 97 refer to the following announcement.**

Good afternoon, shoppers. (95)Thank you for shopping at Monroe's. I'd like to let you know about some of the specials we have today. In our (95)produce department, (96)carrots, lettuce and broccoli have all been marked down by 30 percent, and apples and oranges are only $1.19 per pound. In the (95)meat department we have ground beef and sirloin steaks at prices so low, you'll want to stock up your freezer. Save up to 40 percent in that department. The savings don't stop there—stop by our (95)bakery and pick up incredible savings of up to 50 percent off on bread and other baked goods. Save even more on day-old baked items. (97)Come back to Monroe's tomorrow to shop and enjoy savings on cereal and snack items. Shop at Monroe's and save. Why go anywhere else?

スクリプトの訳 設問95～97は次のアナウンスに関するものです。

お買い物のお客様、こんにちは。モンローズでの(95)ショッピングをありがとうございます。本日の特売品のいくつかをご紹介いたします。(95)青果物コーナーでは、(96)ニンジン、レタス、ブロッコリーがすべて30パーセント引き、また、リンゴとオレンジは1ポンドわずか1ドル19セントになっております。(95)精肉コーナーでは、牛ひき肉とサーロインステーキを特価にて販売中ですので、まとめ買いして冷凍されて

説明文問題

はいかがでしょうか。この売り場では最大40パーセントの割引となります。お安いのはそれだけではありません。⁽⁹⁵⁾ベーカリーにお立ち寄りいただければ、パンと焼き菓子をなんと最大50パーセント引きでお求めいただけます。前日のパン類はさらにお安くなっています。⁽⁹⁷⁾明日はシリアルとスナック類が割引になりますので、ぜひまたモンローズにおこしください。モンローズでお得なお買い物を。お買い物はぜひ当店にてお願いいたします。

設問・選択肢の訳

95. このアナウンスはどこで行われていますか。
(A) カフェで
(B) パン屋で
(C) 野菜市場で
(D) 食料雑貨店で

96. 何が30パーセント値引きされていますか。
(A) ニンジン、レタス、ブロッコリー
(B) 牛ひき肉とサーロインステーキ
(C) リンゴとオレンジ
(D) パンと焼き菓子

97. 次の日、モンローズでは何が起こりますか。
(A) シリアルとスナック類のセールをする。
(B) 牛肉と野菜のセールをする。
(C) リンゴとオレンジのセールをする。
(D) パンと焼き菓子のセールをする。

ボキャブラリー

- **shopper** 名 買い物客
- **special** 名 (食料品の)特売品；サービス品
- **produce department** 青果物コーナー
- **carrot** 名 ニンジン
- **lettuce** 名 レタス
- **broccoli** 名 ブロッコリー
- **mark down** 値下げする
- **ground beef** 牛ひき肉
- **sirloin steak** サーロインステーキ
- **stock up** (冷蔵庫・棚などに)入れる；置く
- **freezer** 名 冷凍(室)
- **saving** 名 節約
- **stop by** 立ち寄る
- **incredible** 形 信じられないほどの；驚くべき
- **up to** ～まで
- **baked goods** 焼き菓子；焼いた食品
- **day-old** 形 前日の
- **cereal** 名 シリアル

PART IV ▶ 正解・解説

CD-2 ㉒

Questions 98-100 ★★★　　　　　　　　　　　　　　　　　　力

98. 正解：(B)
解説 冒頭にthere are so many reasonsという表現があるので、これに続いて自分がクラブ会長にふさわしい理由が述べられることが予測できる。I have been with this organization longer than my opponentが、(B)のHe has been with the organization longer.とほぼ同様の表現である。スピーチ中のday-to-day（日々の）から、every dayの入った(A)を選ばないようにしたい。

99. 正解：(C)
解説 設問のwould like toとopponentが出てくるのは、I would like to challenge my opponent to a debateである。challenge A to Bで「AにBを挑む」の意。つまり、討論の機会を持ちたいということである。(C)の「討論に参加する」が正解である。

100. 正解：(B)
解説 設問のpromiseとif chosenの両方が使われているのは、スピーチの終わりのほうのIf you choose me as your leader, I promise to ...である。toに続いて、fulfill my duties with honor and purpose, and to the best of my ability（誇りと決意を持って、そして自分の全力を尽くして、任務を遂行すること）とある。(B)がこれに最も近い。

スクリプト Questions 98 through 100 refer to the following short talk.

Ladies and gentlemen, there are many reasons why you should consider me to be your next club leader. (98)I have been with this organization longer than my opponent, and I know everything there is to know about this club's day-to-day activities. (99)I would like to challenge my opponent to a debate, in which I would like to discuss what he plans to bring to our organization. I can promise you that what I have to offer is much more beneficial to the group. I am experienced at balancing budgets and have a proven record of years of successful fundraising. I have a background in public relations and can help promote the club's causes much more effectively. I'm also a team player, and will consult all the club members before making decisions. (100)If you choose me as your leader, I promise to fulfill my duties with honor and purpose, and to the best of my ability. I truly believe that I can give our organization a fresh start, and help get it the recognition it deserves. Thank you very much.

説明文問題

スクリプトの訳　設問98〜100は次のショートトークに関するものです。

お集まりの皆様、次期クラブ会長として私をお考えいただく理由がたくさんございます。(98)私はこの組織には対立候補よりも長く所属しており、クラブの日々の活動に関して熟知しております。(99)対立候補と討論を行い、その中で、彼が私たちの組織に何をもたらすのかを話し合いたいと思っています。私が提供するものの方が、この団体にとってより有益であることをお約束いたします。私は財務を健全化した経験があり、何年にもわたり資金調達を成功させてきた実績があります。広報活動のキャリアがあるので、クラブの目標をさらに効果的にプロモーションすることができるでしょう。私はまた、チームプレイヤーですので、決断する前にはメンバー全員に相談いたします。(100)私を会長として選んでいただけるならば、私は誇りと決意を持って、そして自分の全力を尽くして、任務を遂行することをお約束いたします。我々の組織を再出発させ、ふさわしい社会的評価をもたらすことができるものと確信しております。ありがとうございました。

設問・選択肢の訳
98. なぜこの話者は自分が次期クラブ会長にふさわしいと思っているのですか。
(A) 彼は毎日クラブに通っている。
(B) 彼はより長い期間その組織に所属している。
(C) 彼はクラブにより多くの資金を与えることができる。
(D) 彼は成功した実績がある。

99. 彼は対立候補に何をしてほしいですか。
(A) 予算を均衡させる
(B) クラブにより長くとどまる
(C) 討論に参加する
(D) クラブの目標を宣伝する

100. 彼は当選したら何をすることを約束していますか。
(A) もっとチームスポーツを行う
(B) 能力を最大限発揮して仕事を遂行する
(C) クラブのメンバーのためにもっと資金を獲得しようとする
(D) クラブのメンバーに独自の決定を下させる

ボキャブラリー
- opponent 名 対抗者；相手
- debate 名 討論；討議
- balance 動 均衡させる
- proven 形 証明された
- public relations 広報活動
- cause 名 理想；大義
- consult 動 相談する
- duty 名 職務；任務
- deserve 動 値する；受けるに足る
- day-to-day 形 毎日の；日々の
- beneficial 形 有益な
- budget 名 予算
- fundraising 名 資金調達
- promote 動 宣伝する
- effectively 副 効果的に
- fulfill 動 実行する；果たす
- honor 名 名誉；名声

応答問題の注意したいパターン②

Part 2の紛らわしい応答を、これまで解いた問題から再録しました。

● 否定疑問文 ➡ 肯定ならYes、否定ならNo
Wouldn't Sam like to take a vacation?
▶ Yes, but he can't seem to find the time.

● 〈It ～ to do ... 〉の構文 ➡ 不定詞まで正確に聞き取る
Isn't it too early to sell your stock in the company?
▶ I need the cash right away.

● Howで「様態・状況」を問う ➡ 多様な応答が可能
How were the merger talks?
▶ We didn't get anywhere.

● Could / Can you ...? の依頼表現
Could you look over this sales plan this afternoon?
▶ I'm afraid I'm tied up all day.

● Whoseで「所有者」を問う ➡ 物を主語にbelong toで答える
Whose wallet is that on the table?
▶ It belongs to Tara.

● Should Iで「助言」を求める
Should I put my money into tech stocks?
▶ I wouldn't recommend it right now.

● be supposed toの過去形を使い、間接的に「理由」を聞く
Wasn't Janice supposed to join us for lunch today?
▶ She had an urgent meeting.

模擬テスト 3

《正解・解説》
Part I ………… 142
Part II ………… 148
Part III ………… 164
Part IV ………… 187

問題 ▶ 別冊61ページ

PART I ▶ 正解・解説

CD-2 ㉔

1. 正解：(D) ★★ 米

解説 (A)のように車は動いているように見えないし、(B)のparking metersも見えない。車がfacing the same direction（同じ方向を向いている）とする(D)が正解。

スクリプト
(A) The traffic is moving in opposite directions.
(B) The cars are parked at parking meters.
(C) The traffic is in the middle of the road.
(D) The cars are facing the same direction.

スクリプトの訳
(A) 車が逆方向に走行している
(B) 車がパーキングメーターのところに駐車されている。
(C) 車が道の真ん中を走っている。
(D) 車は同じ方向を向いている。

ボキャブラリー
- □ **in opposite directions** 逆の方向に
- □ **parking meter** パーキングメーター
- □ **in the middle of** 〜の真ん中に □ **face** 動 〜の方を向く

---

2. 正解：(B) ★★ 英

解説 目的語はすべて同じなので、主語の単複と動詞の聞き取りがポイント。sketching the statue（彫像をスケッチしている）とする(B)が正解。

スクリプト
(A) The men are building a statue.
(B) The man is sketching the statue.
(C) The man is sculpturing the statue.
(D) The men are bending the statue.

スクリプトの訳
(A) 男性たちが彫像を作っている。
(B) 男性が彫像をスケッチしている。
(C) 男性が彫像を彫っている。
(D) 男性たちが彫像を曲げている。

ボキャブラリー
- □ **statue** 名 彫像   □ **sketch** 動 〜をスケッチする
- □ **sculpture** 動 彫刻する   □ **bend** 動 曲げる

写真描写問題

3. 正解：(D) ★★★

解説 写真の中に見えるものがそれぞれの選択肢に入っているので、一部分を聞き取っただけでは解答は難しい。(C)のis bundling up the newspaper（新聞を束ねている）を排除して、(D)のlooking over the man's shoulder（男性の肩越しに見ている）が適切だと判断できなければならない。

スクリプト
(A) The man is ordering a cup of coffee.
(B) The man is making a speech at a newspaper company.
(C) The woman is bundling up the newspaper.
(D) The woman is looking over the man's shoulder.

スクリプトの訳
(A) 男性はコーヒーを注文している。
(B) 男性は新聞社でスピーチをしている。
(C) 女性は新聞を束ねている。
(D) 女性は男性の肩越しに見ている。

ボキャブラリー
- order　動 注文する
- make a speech　スピーチをする
- bundle up　〜を束ねる
- look over one's shoulder　〜の肩越しにのぞき込む

---

4. 正解：(A) ★★

解説 (A)のdiving（飛び込む）、(B)のdriving（車を運転する）、(C)のdrinking（飲む）の発音が紛らわしい。(A)のin unison（一斉に）の理解もポイントになる。

スクリプト
(A) They are diving in unison.
(B) They are driving along the road.
(C) They are drinking some water.
(D) They are swimming in the ocean.

スクリプトの訳
(A) 彼らは一斉に飛び込んでいる。
(B) 彼らは道路で車を運転している。
(C) 彼らは水を飲んでいる。
(D) 彼らは海で泳いでいる。

ボキャブラリー
- dive　動 飛び込む
- in unison　一致して；調和して
- ocean　名 海

PART I ▶ 正解・解説

5. 正解：(C) ★★ 米

解説 複数のsigns（標識）は男性の上の方（above）にあるので、(C)が正解。なお、有名人にもらう「サイン」は、英語ではautographと言う。また、書類や手紙の末尾などの署名も「サイン」だが、こちらは英語ではsignatureを使う。passersbyはpasserby（通行人）の複数形。

スクリプト
(A) He is signing autographs.
(B) There's a signal on top of the sign.
(C) There are signs above the man's head.
(D) The man is making a sign to passersby.

スクリプトの訳
(A) 彼はサインをしている。
(B) 標識の一番上に信号がある。
(C) 男性の頭上に複数の標識がある。
(D) 男性が歩行者に合図している。

ボキャブラリー
☐ **sign** 動 署名する 名 標示；標識
☐ **autograph** 名 (自筆の) 署名；サイン
☐ **signal** 名 信号；シグナル   ☐ **make a sign** 合図する
☐ **passerby** 名 通行人

---

6. 正解：(A) ★★ 英

解説 bumper-to-bumperは車のバンパーとバンパーが接近している様子を表しているので、日本語なら「数珠つなぎで」という感じ。駐車中だけでなく、渋滞中の車を描写するのにも使用される。なお、(B)のlightは複数形で「信号機」だが、at the lightsなら複数の信号機のある「交差点で」の意。

スクリプト
(A) The cars are parked bumper-to-bumper.
(B) There is a lot of traffic at the lights.
(C) There are pedestrians beneath the awnings.
(D) A man is getting into his car.

スクリプトの訳
(A) 車が数珠つなぎで駐車されている。
(B) 交差点にはたくさんの交通量がある。
(C) 日よけの下に歩行者がいる。
(D) 男性が車に乗り込もうとしている。

ボキャブラリー
☐ **bumper-to-bumper** 副 (自動車が) 数珠つなぎで
☐ **at the lights** 交差点で   ☐ **pedestrian** 名 歩行者
☐ **beneath** 前 下の方に
☐ **awning** 名 (窓・ポーチなどの) 日よけ
☐ **get into** 〜に乗り込む

写真描写問題

7. 正解：(C) ★★

解説 (C)のfaceは名詞の「顔」のほかにも、他動詞で「〜の方向を向く；〜に直面する」といった重要な意味を持つ。写真ではコンピュータの画面は確かに男性2人のほうを向いているので(C)が正解である。(A)のgrabは「つかむ」という意味だが、男性がつかんでいるのはコンピュータではなくもう一方の男性の手で、不適切。

スクリプト
(A) The man is grabbing the computer.
(B) The men are looking at the computer screen.
(C) The computer screen is facing the men.
(D) The computer has been packed away.

スクリプトの訳
(A) 男性がコンピュータをつかんでいる。
(B) 男性たちがコンピュータの画面を見ている。
(C) コンピュータの画面は男性たちのほうに向いている。
(D) コンピュータが収納されたところだ。

ボキャブラリー
- grab 〜をぎゅっとつかむ
- face 動 〜のほうを向く
- screen 名 画面
- pack away しまい込む

---

8. 正解：(B) ★★★

解説 (B)はいわゆる髪を耳に掛けている状態のことを表している。髪が主語になり、tuck（たくし込む）という動詞が用いられているのでやや難しいかもしれない。なお、(A)のwear glassesは「眼鏡をかけている」の意。英語では、眼鏡、ネクタイ、指輪など身につける物はすべてwearという動詞を用いて表現できる。(C)はplant（植物）とthe deskの位置関係を表す前置詞の聞き取りがポイント。

スクリプト
(A) She is wearing glasses.
(B) Her hair is tucked behind her ear.
(C) There is a plant on the desk.
(D) Her collar is tucked inside her jacket.

スクリプトの訳
(A) 彼女は眼鏡をかけている。
(B) 彼女の髪は耳の後ろにたくし込まれている。
(C) 机の上に植物がある。
(D) 彼女の襟は上着の中にたくし込まれている。

ボキャブラリー
- wear 動 身につけている
- behind 前 〜の後ろに
- collar 名 (ワイシャツなどの) カラー
- tuck 動 たくし込む
- plant 名 植物

PART I ▶ 正解・解説

CD-2 ㉘

9. 正解：(A) ★★ 米

解説 主語と目的語は共通なので、動詞の聞き取りがポイントになる。(A)の look over は「目を通す」という意味で、これが正解。(C)の roll up（巻き上げる）が微妙だが、写真では書類の端は丸まっているが、彼らが巻き上げているわけではないので、これは誤り。

スクリプト
(A) They are looking over the papers.
(B) They are holding up the papers.
(C) They are rolling up the papers.
(D) They are turning in the papers.

スクリプトの訳
(A) 彼らは書類に目を通している。
(B) 彼らは書類を持ち上げている。
(C) 彼らは書類を巻き上げている。
(D) 彼らは書類を提出している。

ボキャブラリー
☐ **look over** ざっと調べる；目を通す
☐ **hold up** ～を持ち上げる   ☐ **roll up** 巻く；丸める
☐ **turn in** 差し出す；提出する

写真描写問題

10. 正解：(B) ★★★

解説 (B)のpostに日本語で言う「郵便ポスト」の意味はない。postはいわゆる「ポール；柱」を指す。「郵便ポスト」は英語ではmailbox。この知識がないと(B)を選ぶのは難しい。(D)のon its sideは直訳すれば「その側面の上になっている」、つまり「横倒しになっている」状態を表している。

スクリプト
(A) The phone booth is occupied.
(B) There is a post next to the phone booth.
(C) There are bicycles in the streets.
(D) The bicycle is on its side.

スクリプトの訳
(A) 電話ボックスには人が入っている。
(B) 電話ボックスの横に柱がある。
(C) 通りに自転車がある。
(D) 自転車が倒れている。

ボキャブラリー
☐ **phone booth** 公衆電話ボックス ☐ **occupy** 動 占有する；使用する
☐ **post** 名 (支え・掲示用などの) 柱；支柱
☐ **on one's side** 倒れた状態の

PART II ▶ 正解・解説

CD-2 ㉚

11. 正解：(C) ★★　　　　　　　　　　　　　　　　　米 ➡ 英

解説 Isn't it ...? と質問文の動詞はbe動詞である。(A)、(B)はどちらも一般動詞を用いた応答なので不適当。(C)のthatは会話でnot that 〜という形で用いられ、「それほど〜ではない」の意。not very 〜と言い換えることもできる。

スクリプト　Isn't it difficult to design computer programs?
(A) I like that program.
(B) Yes, I have one.
(C) It's not that hard.

スクリプトの訳　コンピュータ・プログラムを作るのは難しくないのですか。
(A) 私はその番組が好きです。
(B) はい、私は持っています。
(C) それほど難しくはありません。

ボキャブラリー　□ **design** 動 設計する　　□ **program** 名 プログラム；番組
□ **that** 副 それほど；それだけ　◆量・程度を表す形容詞・副詞を限定する。

CD-2 ㉛

12. 正解：(B) ★★　　　　　　　　　　　　　　　　　英 ➡ 米

解説 Which account ...? と特定のaccountがどれかをたずねている。accountには「取引」「口座」「会計記録」「収支」「報告」など多数の意味があり、ビジネスではさまざまに使われる。(B)のoneはaccountを指している。

スクリプト　Which account did the manager say was more important?
(A) Yes, he did.
(B) The latest one.
(C) I'll go to the bank.

スクリプトの訳　課長はどの取引がより重要だと言っていましたか。
(A) はい、彼はそうしました。
(B) 最新のものです。
(C) 銀行に行ってきます。

ボキャブラリー　□ **account** 名 口座；取引；報告　　□ **latest** 形 最近の；最新の

応答問題

13. 正解：(C) ★★★

解説 Whereで始まっており、場所をたずねる質問である。(A)はHe goesまでなら場所の可能性も考えられるが、その後に続く語句から頻度を示していることがわかる。anywhereを否定文で使って「どこにも行かない」と答えている(C)が正解。

スクリプト Where does Richard usually go to get financial advice?
(A) He goes several times a year.
(B) That's the advice I gave him.
(C) I don't think he goes anywhere.

スクリプトの訳 リチャードはお金の相談にはいつもどこに行きますか。
(A) 彼は年に何回か行きます。
(B) それが私が彼にしたアドバイスです。
(C) 彼はどこにも行かないと思います。

ボキャブラリー
- financial 形 財務の；金銭上の

---

14. 正解：(C) ★★

解説 質問文の主語はBrianなので応答の主語はHeとなる。(B)のreinstate（元どおりにする；戻す）は、installからの連想でreinstall（再インストールする）と聞き間違えやすい。(C)のwouldは助動詞willと同じ意味で、saidに影響を受け過去形になったものであり、「過去のある一時点から見た未来」を表している。

スクリプト Will Brian install the new system software soon?
(A) I'd like to see him soon, too.
(B) He was reinstated.
(C) He said he would.

スクリプトの訳 ブライアンはもうすぐ新しいシステムソフトをインストールしますか。
(A) 私ももうすぐ彼に会いたいと思っています。
(B) 彼は復職しました。
(C) 彼はそうすると言っていました。

ボキャブラリー
- install 動 インストールする；コンピュータにソフトを組み込む
- reinstate 動 戻す；回復させる

PART II ▶ 正解・解説

CD-2 ㉞

15. 正解：(A) ★★　　　　　　　　　　　　　　　　　　　米 ➡ カ

解説 exchange rates（為替レート）がポイント。Whatで始まっているので、Yes / Noでは答えられない。(B)のrefund（払い戻し）も為替レートには関係のない語である。

スクリプト　What are the exchange rates for today?
(A) I haven't checked yet.
(B) I'd like a refund, please.
(C) No, I think I'll keep them.

スクリプトの訳　今日の為替レートはいくらですか。
(A) まだチェックしていません。
(B) 返金をお願いします。
(C) いいえ、まだ持っておこうと思います。

ボキャブラリー
☐ **exchange rates**　（外国）為替レート
☐ **refund**　图払い戻し

CD-2 ㉟

16. 正解：(B) ★★　　　　　　　　　　　　　　　　　　　カ ➡ 米

解説 Can Iで始まっているが、A or B?と選択を求めている疑問文なので、Yes / Noで答えることはできない。Iを主語にしているので、応答の主語はYouになるのが自然。

スクリプト　Can I transfer the funds at the ATM or do I have to see a teller?
(A) I can see the teller too.
(B) You can do it either way.
(C) Yes, it was a lot of fun.

スクリプトの訳　資金はATMで移すことができますか、それとも窓口に行かなければなりませんか。
(A) 私も窓口に行くことができます。
(B) どちらでもできます。
(C) はい、それはとても楽しかったです。

ボキャブラリー
☐ **transfer**　图移す；移動させる　　☐ **fund**　图資金；基金
☐ **ATM (= Automated Teller Machine)**　图現金自動預払機
☐ **teller**　图（銀行の）窓口；金銭出納係
☐ **either**　形《肯定文》どちらでも任意の～；どちらの～でも

応答問題

17. 正解：(C) ★★★　　　英➡豪

解説 A rather than Bと2つの句が比較されており、この質問文はその2つの方法に焦点が当てられている。(A)のpostage（郵送料）は話題になっていない。e-mailで送りたいという質問者に対して「いいえ、e-mailで送ってください」というのは筋が通らないので(B)も不適当。

スクリプト　Would it be all right to send the document by e-mail rather than by fax?
(A) No, we'll pay the postage.
(B) No, please send it by e-mail.
(C) That would be fine.

スクリプトの訳　その書類をファクスではなく電子メールで送っていいですか。
(A) いいえ、私たちが送料を払います。
(B) いいえ、電子メールでそれを送ってください。
(C) それでけっこうです。

ボキャブラリー
- □ **document** 名 書類；文書
- □ **A rather than B** BよりもむしろA；BではなくてA
- □ **postage** 名 郵送料

---

18. 正解：(A) ★★　　　豪➡英

解説 How much ...?で量や程度をたずねている。量を表しているのは(A)のみである。「分子→分母」の順で、分子が複数ならば分母に-sを付けるという分数の表現法も覚えておきたい。a quarterなら4分の1である。(C)のbudgeはbudgetと似た発音なので聞き取りに注意したい。

スクリプト　How much of the budget will go toward the ad campaign?
(A) About three-quarters of it.
(B) It gets 20 miles to the gallon.
(C) He just won't budge.

スクリプトの訳　広告キャンペーンには予算のどれくらいが費やされますか。
(A) その約4分の3です。
(B) 1ガロンあたり20マイルの燃費です。
(C) 彼はまったく意見を変えようとしません。

ボキャブラリー
- □ **budget** 名 予算
- □ **go toward** （金が）～に使われる
- □ **gallon** 名 ガロン（液量単位：約3.785リットル）
- □ **budge** 動《通例否定文・疑問文・条件文》(意見を) 変える

PART II ▶ 正解・解説

CD-2 ㊳

19. 正解：(B) ★★　　　　　　　　　　　　　　　　　米→英

解説 Whereで始まる疑問文なので、Yes / Noでは答えられない。(C)が場所を表しているが、「机をどこに置くか」との問いに「机の上に」はかみ合わない。(B)のJohn'sの後にはdeskが省略されている。

スクリプト　Where would you like the movers to put your desk?
(A) Yes, I would like that.
(B) Right next to John's.
(C) Yes, put it on my desk.

スクリプトの訳　あなたは引っ越し屋さんに机をどこに置いてもらいたいですか。
(A) はい、それがいいです。
(B) ジョンの机のすぐ隣です。
(C) はい、私の机の上に置いてください。

ボキャブラリー　☐ **mover** 名引っ越し業者　　☐ **right** 副きっかり；ちょうど

CD-2 ㊴

20. 正解：(C) ★★　　　　　　　　　　　　　　　　　英→米

解説 Whenで時をたずねている。時をはっきりと答えたものはなく、主語に注目して解答したい。(A)はThat、(B)はHis driver's license、(C)がtheyとなっているが、the parent company（親会社）は集合名詞で、それを構成する個々の成員を考えて複数（they）で受ける。

スクリプト　When is the parent company planning to pay the licensing fee?
(A) That seems to be the current plan.
(B) His driver's license was revoked.
(C) I think they've already paid it.

スクリプトの訳　親会社はいつライセンス料を支払う予定にしていますか。
(A) それは現在の計画のようですね。
(B) 彼の運転免許は取り消しになりました。
(C) 彼らはそれをすでに支払ったと思います。

ボキャブラリー
☐ **parent company** 親会社　　☐ **licensing fee** ライセンス料
☐ **current** 形今の；最新の　　☐ **driver's license** 運転免許（証）
☐ **revoke** 動取り消す；無効にする

応答問題

21. 正解：(B) ★ 豪→カ

解説 Whenで始まる疑問文。時を表す語句を含む応答は(B)のみである。

スクリプト When will this terrible storm let up?
(A) That sounds terrible.
(B) It should pass by tomorrow.
(C) Please let me help you with it.

スクリプトの訳 このひどい嵐はいつやむのでしょうか。
(A) それはひどいですね。
(B) 明日までには通過するでしょう。
(C) それを私に手伝わせてください。

ボキャブラリー
- terrible 形 激しい；きわめてひどい
- storm 名 嵐；暴風（雨）
- let up （雨・雪が）やむ
- sound 動 ～のような印象を与える；～と聞こえる
- pass 動 通過する

---

22. 正解：(C) ★★ カ→豪

解説 What is ... going to do?（～はどうするつもりか）がポイント。be going to doは予定を表しており、特にどこかの場所に「行く」という意味合いはないので(A)や(B)は不適当。contract（契約）、extension（［契約などの］延長）はビジネスでは必須の単語である。

スクリプト What is Jerry going to do about his contract?
(A) Yes, he will go there.
(B) Go and see a doctor right away.
(C) Get an extension, I suppose.

スクリプトの訳 ジェリーは彼の契約をどうするつもりなのですか。
(A) はい、彼はそこに行きます。
(B) すぐに医者に行きなさい。
(C) 継続すると思います。

ボキャブラリー
- contract 名 契約（書）
- right away ただちに；すぐに（＝immediately）
- extension 名 延長；延期
- suppose 動 思う；考える

PART II ▶ 正解・解説

CD-2 ㊷

23. 正解：(B) ★★　　　　　　　　　　　　　　　　　　　米→カ

解説 Whyで理由をたずねている。Becauseなどの理由を明示する表現は使われていないので、内容面から対応するものを選ぶ。(A)のTheyやthe item、(C)のHeに対応する語が質問文にはないので、消去できるはず。

スクリプト Why isn't the first floor available?
(A) They sold out of the item weeks ago.
(B) There's a private meeting going on.
(C) He's out of town for a week.

スクリプトの訳 なぜ1階は使用できないのですか。
(A) その品目を何週間か前に完売したからです。
(B) 内々の会合が行われているからです。
(C) 彼は1週間留守にしています。

ボキャブラリー
☐ **available** 形 使用できる　　☐ **sell out of** (商品を)完売する
☐ **item** 名 品目
☐ **private** 形 当事者だけの；内輪の　☐ **go on** (活動・状態などが)続く

CD-2 ㊸

24. 正解：(C) ★★★　　　　　　　　　　　　　　　　　　カ→米

解説 look likeとmissにはそれぞれ2つの意味がある。look likeは「～のように思われる」、「～に似ている」、missは「～しそこなう」、「～がいないのを寂しく思う」である。質問文はそれぞれ前者の意味である。(C)のwork overtimeは「残業をする」の意で、オフィス会話でよく用いられる。

スクリプト It looks like Paul is going to miss the deadline for the first draft.
(A) I really can't tell you what he looks like.
(B) I miss him very much, too.
(C) That means we'll have to work overtime.

スクリプトの訳 ポールは原案提出の締め切りに間に合わないようです。
(A) 彼がどのような人なのか本当にわかりません。
(B) 私も彼がいなくてほんとうに寂しく思っています。
(C) つまり、私たちが残業をしなければならないということですね。

ボキャブラリー
☐ **miss** 動 (機会を)逃す；(人がいないのを)寂しく思う
☐ **deadline** 名 最終期限；締切　☐ **draft** 名 草稿；下書き
☐ **look like** ～のように思われる
☐ **work overtime** 残業する；時間外に働く

応答問題

25. 正解：(A) ★   英→豪

解説 Hasが文頭にある疑問文なので、Yes / Noで答える。request（要求；頼みごと）の入っている(B)にまどわされないように。また、manufacturerからの連想でbe made in ～が思いつくが、一部分の表現からの判断は誤りの原因になる。

スクリプト Has the manufacturer answered our request?
(A) No, I'm still waiting.
(B) He made a request.
(C) It was made in China.

スクリプトの訳 そのメーカーは私たちの要求に応じましたか。
(A) いいえ、私はまだ待っています。
(B) 彼は頼みごとをしました。
(C) それは中国製です。

ボキャブラリー
☐ **manufacturer** 名 製造業者；メーカー
☐ **request** 名 依頼；要求

---

26. 正解：(C) ★★   豪→英

解説 Why－Becauseという定型のやりとりが考えられるが、本問の場合は主語に注目したい。質問文の主語はyouなので、応答はIが主語になるはずである。主語がIになっているのは(C)のみ。

スクリプト Why aren't you wearing a tie?
(A) Because he has one already.
(B) Yes, this is a brand-new tie.
(C) I wanted to dress casually.

スクリプトの訳 なぜネクタイをしていないのですか。
(A) 彼はすでに1つ持っているからです。
(B) はい、これは新品のネクタイです。
(C) カジュアルな服装をしたかったからです。

ボキャブラリー
☐ **brand-new** 形 新品の；手に入れたばかりの
☐ **casually** 副 ふだん着で；形式ばらずに

PART II ▶ 正解・解説

CD-2 ㊻

27. 正解：(B) ★★ 　　　　　　　　　　　　　　　　　　　　米 ➡ 英

解説 Have you ...?の質問に対して、(A)はdon'tで答えているので不適当。(B)はYesの後にI have (seen the latest sales figures)が省略されていると考える。

スクリプト
Have you seen the latest sales figures?
(A) No, I don't.
(B) Yes, and I was shocked.
(C) It's the latest model.

スクリプトの訳 最新の売上高を見ましたか。
(A) いいえ、私はそうではないです。
(B) はい、ショックを受けました。
(C) それが最新型です。

ボキャブラリー
☐ **latest** 形 最近の；最新の　　☐ **sales figures** 売上高
☐ **shocked** 形 ショックを受けて　　☐ **model** 名 型：モデル

CD-2 ㊼

28. 正解：(A) ★ 　　　　　　　　　　　　　　　　　　　　英 ➡ 米

解説 janitor（用務員）という単語がやや難しいかもしれない。(A)と(C)がWhenに対する応答として可能性があるが、(A)の主語はHeで正しくjanitorを表しているのに対して、(C)は命令文なのでyouが主語と考えられ、janitorを表したものではない。

スクリプト
When can the janitor come in this week?
(A) He's off for two weeks.
(B) With his cleaning supplies.
(C) Please come right over.

スクリプトの訳 用務員さんは今週いつ来ることができますか。
(A) 彼は2週間休暇を取っています。
(B) 清掃道具を持ってきます。
(C) すぐに来てください。

ボキャブラリー
☐ **janitor** 名 用務員：清掃作業員　　☐ **supply** 名 用品：補給品
☐ **right over** すぐに

応答問題

29. 正解：(C) ★★

解説 質問文のmonitorが「人」ではなく「物」を、workが「(人が) 働く」ではなく「(物が) 作動する」の意味であることを把握しなければならない。monitorを聞き間違えると(A)に、workを聞き間違えると(B)の解答になるかもしれない。しかし、(A)のHe、(B)のTheyに相当する名詞は質問文の中には見あたらない。

スクリプト
Why isn't this monitor working?
(A) He's a hall monitor.
(B) They are working hard.
(C) It's not plugged in.

スクリプトの訳
なぜこのモニターは映っていないのですか。
(A) 彼はホールの監視員です。
(B) 彼らは一生懸命働いています。
(C) 電源コードが入っていません。

ボキャブラリー
☐ **monitor** 名 モニター；監視要員
☐ **work** 動 (機械などが) 作動する；(人が) 働く
☐ **plug in** (プラグを) 電源に接続する

---

30. 正解：(A) ★

解説 companyに2つの意味があることがポイント。「会社」という意味と「仲間」という意味である。後者はbe in good company（いい仲間がいる）やin company with（〜と一緒に）というイディオムで用いられることがある。

スクリプト
Does Jerry have a company e-mail address?
(A) Yes, but I don't know it.
(B) He is in good company.
(C) I don't have the time.

スクリプトの訳
ジェリーは会社用の電子メールアドレスを持っていますか。
(A) はい、しかし私は知りませんが。
(B) 彼はいい仲間がいます。
(C) 私は時間がありません。

ボキャブラリー
☐ **be in good company** いい仲間と付き合っている
☐ **have the time** 時間がある；(時計で) 時刻がわかる

PART II ▶ 正解・解説

CD-2 ㊿

31. 正解：(B) ★★ 　　　　　　　　　　　　　　　　　　　　米→カ

解説 decide to leave（去ることを決心する）の時をたずねた質問である。(B)がWhenから始まっており、まさに時を答えている。leaveには「休暇」の意味もあり、take a leaveで「休暇を取る」になるので、(A)と迷うかもしれない。raise（昇給）はビジネスでは必須の単語である。

スクリプト When did you decide to leave the firm?
(A) Well, I couldn't take it anymore.
(B) When I didn't get the raise.
(C) Because I had to.

スクリプトの訳 いつ会社を辞めることを決めたのですか。
(A) そうですね、それ以上取得できなかったのです。
(B) 昇給しなかったときです。
(C) そうしなければならなかったからです。

ボキャブラリー
☐ **leave** 動（会社・職などを）辞める
☐ **firm** 名会社　　　　　　　☐ **raise** 名昇給

CD-2 ㊶

32. 正解：(A) ★★ 　　　　　　　　　　　　　　　　　　　　カ→米

解説 How did you find ...?は見つけた「方法」を問う文である。(A)は「親切なタクシーの運転手にたずねた」と内容面から「方法」を答えている。(B)のbyは「手段」を(C)のInは「場所」を表す前置詞。

スクリプト How did you find your way to our office?
(A) I asked a polite taxi driver.
(B) Yes, I did come by bus.
(C) In the lost and found bin.

スクリプトの訳 私たちの会社までの道をどのようにお知りになったのですか。
(A) 親切なタクシーの運転手さんに聞きました。
(B) はい、バスで来ました。
(C) 遺失物取扱所です。

ボキャブラリー
☐ **polite** 形親切な；ていねいな
☐ **lost and found bin** 遺失物取扱所

158

応答問題

33. 正解：(C) ★　　　　　　　　　　　　　　豪→英

解説 alreadyは疑問文で用いられると肯定の事態を予測して、「もう〜」という意味になる。本問の場合、話し手は6時になっているだろうとすでに思っている。6時だということに答えたものは(C)のみである。なお、had better doは「そうしないと困ったことになる」という含みを持つ。

スクリプト
It isn't 6:00 already, is it?
(A) No thanks. I ate already.
(B) No, it isn't on my desk.
(C) Yes—we'd better hurry.

スクリプトの訳
もう6時ではないでしょうね。
(A) けっこうです。すでにいただきました。
(B) いいえ、それは私の机の上にはありません。
(C) はい、急いだほうがよさそうです。

ボキャブラリー
□ had better 〜すべきだ；〜したほうがいい
□ hurry 動 急ぐ

34. 正解：(B) ★　　　　　　　　　　　　　　英→豪

解説 Whereで始まる疑問文に対して、場所を示す語句が含まれるものは(B)のin the boxのみである。

スクリプト
Where's the invoice for the shipment?
(A) Yes, I used to be a sailor.
(B) I couldn't find it in the box.
(C) He lost his voice yesterday.

スクリプトの訳
積み荷のインボイスはどこにありますか。
(A) はい、私はかつて船乗りでした。
(B) 箱の中には見あたりません。
(C) 彼は昨日、声が出なくなりました。

ボキャブラリー
□ invoice 名 インボイス；請求明細書
□ shipment 名 船荷；積み荷
□ used to 《過去の状態》以前は〜だった
□ sailor 名 船乗り；船員
□ lose one's voice （風邪をひくなどして）声が出なくなる

PART II ▶ 正解・解説

CD-2 ㊄

35. 正解：(B) ★★　　　　　　　　　　　　　　　　　　　米 ➡ 英

解説 hold upの正確な理解が必要である。hold upは「～を妨げる」、「～で強盗を働く」の意味がある。後者の意味ととってしまうと(C)のrobbery（強盗事件）と結びついてしまう。(B)のsoは質問文の内容であるWilliam is still held up in traffic.を代用している。また、(A)のhold onは「電話を切らずに待つ」の意で、電話会話の必須表現。

スクリプト　Is William still held up in traffic?
(A) Please hold on.
(B) Apparently so.
(C) It was a robbery.

スクリプトの訳　ウィリアムはまだ渋滞にはまっているのですか。
(A) そのまま切らずにお待ちください。
(B) どうやらそのようです。
(C) それは強盗事件でした。

ボキャブラリー
- □ **hold up**　妨げる；強盗をする　　□ **hold on**　（電話を切らないで）待つ
- □ **apparently**　副《文修飾》どうやら～らしい；外見上
- □ **robbery**　名 強盗

CD-2 ㊄

36. 正解：(A) ★★　　　　　　　　　　　　　　　　　　　英 ➡ 米

解説 signには「署名；署名する」と「標識；看板」という複数の意味がある。質問文は動詞として使われているので「署名する」の意。(C)は主語であるheが指すものが質問文の中に見あたらない。

スクリプト　Should we sign the agreement?
(A) No, I'd like to see more data first.
(B) No, the sign has been torn down.
(C) Yes, he should see a counselor.

スクリプトの訳　契約書にサインをすべきですか。
(A) いいえ、まずもっとたくさんのデータを見たいです。
(B) いいえ、その看板は取り壊されました。
(C) はい、彼はカウンセラーに見てもらうべきです。

ボキャブラリー
- □ **sign**　動 署名する　名 署名；標識；看板
- □ **agreement**　名 協定；契約（書）　　□ **tear down**　取り壊す；分解する
- □ **counselor**　名 助言者；カウンセラー

応答問題

37. 正解：(C) ★★★　　　豪→カ

解説 仮定法を使った質問。「（現実はそうではないが）もし〜だったら」という文である。「助動詞の過去形 + if節中に動詞の過去形」というのが仮定法過去の基本形。動詞は過去形であるが、現在の事実に反する仮定を表す。「もしそうだったら〜」と応答にも仮定法を用い、助動詞の過去形を使うので、一般動詞の過去形を使った(A)や現在形の(B)は不適当である。

スクリプト　What would you do if you owned the company?
(A) He went out on his own and didn't return.
(B) Yes, the company owns everything in this town.
(C) I would give everyone more vacation time.

スクリプトの訳　会社を持ったら何をしますか。
(A) 彼は独り立ちして、戻ってきませんでした。
(B) はい、その会社はこの町のすべてのものを所有しています。
(C) 全員にもっと休暇を与えます。

ボキャブラリー
- □ **own** 動 所有する
- □ **go out on one's own** 独り立ちする
- □ **vacation time** 休暇

---

38. 正解：(C) ★　　　カ→豪

解説 feelは人の気分や体調を表す際に使う動詞である。主語はLisaなので、代名詞sheで受けた(C)が正解となる。

スクリプト　Is Lisa feeling all right?
(A) I'm doing OK, thanks.
(B) That would be fine.
(C) She looks a little pale.

スクリプトの訳　リサは大丈夫ですか。
(A) 私は大丈夫です。ありがとうございます。
(B) それでけっこうです。
(C) 彼女は少し青ざめています。

ボキャブラリー
- □ **feel all right** 気分がいい　　□ **look** 動 (〜のように) 見える
- □ **pale** 形 血色が悪い；青白い

PART II ▶ 正解・解説

CD-2 ㊸

39. 正解：(C) ★★　　　　　　　　　　　　　　　　米➡カ

解説 the minuteが接続詞句で「〜するとすぐに」という意味であるのがポイント。これを時間の単位である「分」ととらえると(B)を選んでしまうかもしれない。Can you ... ?という質問に対してはYes / Noで答えるが、質問や依頼に肯定の応答をする際に使う(C)のSureはYesと同じだと考えてよい。

スクリプト　Can you let me know the minute the customer calls?
(A) Yesterday.
(B) It's quarter past twelve.
(C) Sure, no problem.

スクリプトの訳　お客様から電話があったらすぐに知らせてくれますか。
(A) 昨日です。
(B) 12時15分です。
(C) もちろん、いいですよ。

ボキャブラリー
☐ **let + O + do**　Oに〜させる
☐ **the minute**　《接続詞的》〜するとすぐに
☐ **customer**　名 顧客；取引先　　☐ **quarter**　名 15分
☐ **past**　前 (時間を)過ぎて

応答問題

40. 正解：(A) ★★★ カ → 米

解説 本問は何か答えを期待したものではなく、単に意思を述べているにすぎない。それに対する聞き手の意見を選ばなければならない。このような場合、主語は限定されず、内容面から検討する必要がある。one lump sum paymentが難しい語句であるが、本問の場合はI'm ... fundまでで解答は可能。

スクリプト I'm going to collect my retirement fund in one lump sum payment.
(A) Maybe I should do the same.
(B) He corrected it yesterday.
(C) I've never been to that city.

スクリプトの訳 私は退職金を一括払いでもらいます。
(A) たぶん私もそうするでしょう。
(B) 彼はそれを昨日、訂正しました。
(C) 私はその都市には行ったことがありません。

ボキャブラリー
- □ collect 動 (税金・家賃などを) 徴収する；集金する
- □ retirement 名 引退；退職
- □ one lump sum payment 一括払い
- □ correct 動 訂正する

PART III ▶ 正解・解説

CD-2 ⓺⓵

Questions 41-43 ★★ 男性 英 女性 米

41. 正解：(C)
解説 男性は最初の台詞で、The totals are pretty high.（総額がかなり高い）と言っている。したがって、「彼は見積もりを見ていない」とする(B)は誤りで、「このプロジェクトは費用がかかるように思える」とする(C)が正しい。男性はこの台詞の中で「見積もりは今朝届いた」と言っているので、(A)も誤り。女性は1回目の台詞で、I'd like to get started on the next project. と言っていて、プロジェクトはまだ始まっていない。したがって、「今朝始まった」とする(D)も誤りである。

42. 正解：(D)
解説 女性は男性の「総額が高い」という発言に対して、Let's call the accountant and see if she can bring them down. と応じている。themは男性の言ったtotalsを受けるので、彼女は「見積金額を引き下げたい」ことが分かる。(D)が正解である。

43. 正解：(D)
解説 男性は2回目の台詞で、経理担当者の発言を女性に伝えている。She said that we could possibly bring down some of the building costs, but not any of the other ones. から、彼女（経理担当者）が「建設費のいくつかの項目は値下げできる」が「他の経費はどれも値下げできない」と言っていることが分かる。正解は(D)の「建築費のみ引き下げることができる」。

スクリプト
W: I'd like to get started on the next project. Have we received the estimates yet?
M: Yes. We got them just this morning. It looks like it'll be a bit difficult. The totals are pretty high.
W: Let's call the accountant and see if she can bring them down.
M: She's already had a look at them. She said that we could possibly bring down some of the building costs, but not any of the other ones.

スクリプトの訳
女性：次のプロジェクトを始めたいですね。見積書はもう受け取りましたか。
男性：ええ。ちょうど今朝、受け取りました。少し難しくなりそうですね。総額がかなり高いんです。
女性：経理に電話して、彼女が総額を引き下げられるか確認しましょう。
男性：彼女はすでにそれに目を通していますよ。彼女は建設費の何項目かを下げることは可能だけど、その他の費用は無理だと言っていましたよ。

会話問題

設問・選択肢の訳

41. 男性は何をほのめかしていますか。
(A) 見積もりがまだ届いていない。
(B) 彼は見積もりを見ていない。
(C) プロジェクトは高くつくようだ。
(D) プロジェクトは今朝始まった。

42. 女性は何をしたいと思っていますか。
(A) 領収書を受け取る
(B) 総額を受け取る
(C) もっと高い見積もりを受け取る
(D) もっと安い見積もりを受け取る

43. 経理担当者は何と言いましたか。
(A) 彼女はそのビルまでいくつかの物を持って行く。
(B) 彼女はそのビルの総経費を引き下げることができる。
(C) ビルの何棟かは解体されなければならない。
(D) 建設費のみ引き下げることができる。

ボキャブラリー
- **get started** 始める
- **look like** 見える；思える
- **pretty** 副 ずいぶん；とても
- **bring down** （値段を）下げる
- **costly** 形 値段が高い
- **figure** 名 数字；数値
- **estimate** 名 見積もり
- **a bit** 少し
- **accountant** 名 会計士；経理
- **cost** 名 費用；経費
- **receipt** 名 領収書

PART III ▶ 正解・解説

CD-2 ㊷

Questions 44-46 ★★★   男性 力 女性 豪

44. 正解：(C)
解説 男性は1回目の台詞で、he feels he was unfairly dismissedと発言している。このdismissは「解雇する」という意味で、fireと同義。したがって、(C)の「彼は不当に解雇された」が正解。

45. 正解：(B)
解説 解雇された男性の「主張の根拠」は、男性の2回目の台詞で述べられている。He's claiming he was let go because of his advanced age.から、「高齢を理由に解雇された」との主張だと理解できる。let him goなら「彼を解雇する」の意味だが、ここでは受け身になっているので「解雇された」の意。また、advanced ageは「高齢」の意なので、(B)の「彼は年齢が高いという理由で不当な扱いを受けたと言った」が正解である。advanced ageから、an advanced worker（先進的な労働者）という表現が使われた(D)を選ばないこと。

46. 正解：(A)
解説 設問のgrievanceは「苦情」の意。男性の苦情に対して会社がどんな行動をとるかという設問なので、男性の2回目の台詞にあるWhat do you think the company will do about it?に注目する。これに対して女性はFight it in court, I guess.（法廷で争うでしょうね）と答えている。Fight itをChallenge itに言い換えた(A)が正解である。

スクリプト
M: A former employee filed a grievance against the company. It seems that he feels he was unfairly dismissed, and he wants compensation.
W: What is he basing his claim on? After all, he was late most of the time and sometimes didn't even show up for meetings. I don't think he enjoyed his position at all. It seemed like he was just killing time here.
M: He's claiming he was let go because of his advanced age. What do you think the company will do about it?
W: Fight it in court, I guess. I can't imagine that they'd pay him a settlement. I think I'll talk to the general manager later and find out more about it.

スクリプトの訳
男性：元従業員が会社に苦情を申し立てたんだ。彼は不当に解雇されたと感じていて、賠償金を望んでいるようだよ。
女性：彼の主張は何に基づいているの？　そもそも彼はほとんど遅刻していたし、時には会議に現れないことさえあったわ。彼は自分の仕事を楽しんでいたとは思えない。ここで時間をつぶしているようなものだったわ。

会話問題

男性：彼は高齢を理由に解雇されたと主張しているんだ。この件について会社はどうすると思う？
女性：法廷で争うでしょうね。会社が彼に和解金を支払うなんて考えられない。後で部長と話して、この件についてもっと情報を得るようにするわ。

設問・選択肢の訳

44. 元従業員は何を主張しましたか。
(A) 彼の受けた支払いが不当だった。
(B) 彼は不当に雇用された。
(C) 彼は不当に解雇された。
(D) 彼は不当に超過勤務をしていた。

45. その従業員の主張の根拠は何でしたか。
(A) 彼は若すぎるという理由で不当な扱いを受けたと言った。
(B) 彼は年齢が高いという理由で不当な扱いを受けたと言った。
(C) 彼は常時遅刻するという理由で不当な扱いを受けたと言った。
(D) 彼は先進的な労働者という理由で不当な扱いを受けたと言った。

46. その従業員の苦情について、会社がもっともしそうなことは何ですか。
(A) それに挑戦する
(B) 彼を解雇する
(C) 和解金を支払う
(D) それを無視する

ボキャブラリー

- **former** 形 前任の；かつての
- **grievance** 名 不服；苦情
- **dismiss** 動 解雇する
- **base ... on ~** …の根拠を~に置く
- **claim** 名 主張　動 主張する
- **show up** 現れる；姿を見せる
- **kill time** 時間をつぶす
- **advanced age** 高齢
- **settlement** 名 和解（金）
- **file** 動 提訴する；提出する
- **unfairly** 副 不当に
- **compensation** 名 賠償（金）
- **after all** なにしろ~だから；結局
- **position** 名 職；勤め口
- **let go** 解雇する
- **court** 名 法廷；裁判所
- **fire** 動 解雇する

模擬テスト 3

PART III ▶ 正解・解説

CD-2 ㊻

Questions 47-49 ★   男性 加 女性 米

47. 正解：(D)
解説 女性は1回目の台詞で、The deadline for the file is on Monday（そのファイルの締め切りは月曜日）と言った後、but I would like to get it to the manager a bit earlier. と発言している。a bit earlierとあるので、提出を少し早めたいということ。したがって、(D)の「月曜日前に予算報告書を受け取る」が正解である。

48. 正解：(C)
解説 男性はI'm sure you'll want to make some additions. で女性に追加意見を求め、I especially could use your input on some of the expenses. I'm not sure if the figures are correct. で「経費の数字のチェック」を求めている。後者が(C)に合致する。

49. 正解：(B)
解説 女性は2回目の台詞でデイビッドに、Please send it to me as an e-mail attachment as soon as possibleと頼んでいる。itは文脈からthe monthly budget report = the fileを指す。したがって、デイビッドは(B)のように「そのファイルを女性に送信する」ことが予測できる。

スクリプト
W: Hi David. Have you finished the monthly budget report yet? The deadline for the file is on Monday, but I would like to get it to the manager a bit earlier.
M: I've done my part, but I'm sure you'll want to make some additions. I especially could use your input on some of the expenses. I'm not sure if the figures are correct.
W: All right. Please send it to me as an e-mail attachment as soon as possible and I'll have a look at it.

スクリプトの訳
女性：こんにちは、デイビッド。月次の予算報告書はもう終わりましたか。そのファイルの締め切りは月曜日ですけど、部長に少し早めに持って行きたいのです。
男性：僕の部分は終わりましたけど、きっとあなたは追加したくなりますよ。特に経費の項目にあなたの意見を入れてほしいですね。数字が正確かどうか分らないのです。
女性：了解しました。できるだけ早くメールの添付書類で私に送ってください。目を通しますから。

会話問題

設問・選択肢の訳

47. 女性は何をしたいですか。
(A) 月曜日に予算報告書の作成でデイビッドを手伝う
(B) 月曜日前に予算報告書を書く
(C) 月曜日に予算報告書を提出する
(D) 月曜日前に予算報告書を受け取る

48. デイビッドは女性に何をしてほしいと思っていますか。
(A) そのファイルをメールの添付書類に転換する
(B) 追加ファイルを作成する
(C) そのファイルの数字をチェックする
(D) そのデータを彼のコンピュータに入力する

49. デイビッドは次に何をするでしょうか。
(A) 女性からメールの添付書類を受け取る
(B) そのファイルを女性に送付する
(C) 報告書を部長に提出する
(D) そのファイルの数字をチェックする

ボキャブラリー

- **monthly** 形 月1回の；毎月の
- **deadline** 名 締め切り
- **input** 名 意見；情報
- **figure** 名 数値；数字
- **turn in** 提出する
- **convert ... to ~** …を~に転換する
- **budget** 名 予算
- **make an addition** 加える
- **expense** 名 経費
- **correct** 形 正しい；正確な

模擬テスト 3

PART III ▶ 正解・解説

CD-2 ㉔

Questions 50-52 ★★　　　　　　　　　　　　　　男性 英　女性 豪

50. 正解：(B)
解説　男性がthe nation's economy（国の経済）、女性がdomestic demand（国内需要）、unemployment rate（失業率）などと発言していることから、(B)の「国の経済状況」を選べる。

51. 正解：(A)
解説　女性がIsn't domestic demand driving growth?と発言している。この文は、Domestic demand is driving growth.が否定疑問文になったもの。これをThere is構文で言い換えた(A)が正しい。なお、-ledは「〜主導の」の意。

52. 正解：(C)
解説　女性がI also heard that the unemployment rate was down.（失業率が下がったというのも聞いた）と発言したのに対して、男性はquite the opposite（まったくの逆）と答えた後、It's at an all-time high of 5 percent.（それ［失業率］は史上最高の5パーセント）と言っている。したがって、(C)の「失業率は上昇している」が正解。

スクリプト
M: There doesn't seem to be any good news about the nation's economy these days. It never seems to get any better. The analysts' forecasts are always so dismal.
W: I thought the outlook was that things are improving. Isn't domestic demand driving growth? I also heard that the unemployment rate was down.
M: No; quite the opposite. Check today's newspaper and you'll see. It's at an all-time high of 5 percent.

スクリプトの訳
男性：最近、この国の経済についていいニュースがないみたいだね。全然よくならないようだよ。アナリストたちの予想はいつもとても暗いから。
女性：状況はよくなるという見通しだと思っていたわ。国内需要が成長を後押ししているんじゃなかった？　失業率が下がったというのも聞いたわ。
男性：いや、まったく逆だよ。今日の新聞を見れば、分かるから。失業率は史上最高の5パーセントさ。

会話問題

設問・選択肢の訳

50. 話者たちは何を話していますか。
(A) 職の不足
(B) 国の経済状況
(C) 陰気な天気の予報
(D) 世界経済

51. 女性は何を考えていますか。
(A) 国内需要にけん引された成長がある。
(B) 国内需要が弱まる。
(C) 世界は成長を求めている。
(D) 国内成長が金利に影響を与えている。

52. 失業率について男性は何と言っていますか。
(A) 経済がその下落を助けている。
(B) いいニュースがある。
(C) それは上昇している。
(D) それは下降している。

ボキャブラリー

- **nation** 名 国
- **these days** 最近
- **forecast** 名 予想
- **outlook** 名 見通し；展望
- **domestic** 形 国内の
- **drive** 動 促進する；後押しする
- **opposite** 名 正反対のこと
- **falter** 動 勢力がなくなる；よろめく
- **interest rates** 金利
- **economy** 名 経済；景気
- **analyst** 名 アナリスト
- **dismal** 形 陰気な；暗い
- **improve** 動 よくなる
- **demand** 名 需要
- **unemployment rate** 失業率
- **all-time** 形 空前の；史上最も～

CD-2 (65)

Questions 53-55 ★★★

男性 英 女性 米

53. 正解：(C)

解説 女性は冒頭で、Does your company contribute to your IRA?とたずねている。このcontribute toは「～の負担をする；～の掛け金を払う」の意。つまり、女性は「会社が個人退職年金の負担をしてくれるかどうか」を聞いている。contribute toをput money intoに言い換えた(C)の「男性の会社が彼の退職年金口座に掛け金を支払うかどうか」が正解である。

54. 正解：(A)

解説 女性は2回目の台詞で、My company contributes to mine on a quarterly basis and with cash.と言っている。on a quarterly basis（四半期単位で）とwith cash（現金で）がポイント。quarterlyをfour times a yearに言い換えて、「彼女の個人退職年金への1年に4回の現金による負担」とする(A)が正しい。company stockを利用するのは男性の会社である。

55. 正解：(C)

解説 女性は冒頭で、「個人退職年金の掛け金は収入とみなされない」と発言している。一方、男性は「会社は年金の掛け金を自社株で代用している」と言った後、Do you know if this tax break will apply to stock dividends as well?と質問をしている。tax breakは「税控除」で、stock dividendsは「株式の配当」のこと。したがって、(C)の「彼の年金制度の株式配当が所得とみなされないかどうか」が正しい。count as incomeという表現は女性の1回目の台詞にも出ている。

スクリプト

W: Does your company contribute to your IRA? If so, I just found out that these contributions do not count as income this tax year.

M: I have a pension plan with my company, but it's a bit different. They match any contributions that I make to it with company stock. Do you know if this tax break will apply to stock dividends as well?

W: I really don't know. My company contributes to mine on a quarterly basis and with cash. I don't think it offers a stock option. Is there someone in your office that you can ask about it?

M: Yes, I'll ask our financial director about it. If he doesn't know, I'll consult a tax accountant. Thanks for letting me know about it.

スクリプトの訳

女性：あなたの会社は個人退職年金の負担をしているの？　もしそうなら、今度の納税年度には負担額は収入とみなされないらしいわ。

男性：僕の会社には年金制度があるんだけど、ちょっと変わっている。会社は僕の負担額を自社株でまかなってくれるんだ。この税控除が株式配当にも適用されるかどうか知ってる？

会話問題

女性：知らないわ。私の会社は四半期単位で現金で負担しているのよ。ストックオプションは提供していないと思うわ。あなたのオフィスにだれか聞ける人はいないの？
男性：うん、財務部長に聞いてみるよ。彼がもし知らなかったら、税理士に相談する。教えてくれてありがとう。

設問・選択肢の訳

53. 女性は何を知りたいですか。
(A) 男性が彼女の個人退職年金に掛け金を払いたいかどうか
(B) 男性の個人退職年金がこの納税年度に所得とみなされるかどうか
(C) 男性の会社が彼の退職年金口座に掛け金を支払うかどうか
(D) 男性が会社に年金制度を持っているかどうか

54. 女性の会社は何を提供しますか。
(A) 彼女の個人退職年金への1年に4回の現金による負担
(B) 彼女の個人退職年金への会社の株式による負担
(C) 彼女の個人退職年金への月次の現金による負担
(D) 彼女の会社の株式への負担

55. 男性は何を知りませんか。
(A) 彼の年金制度が所得に応じた高額の税金を課されるかどうか
(B) 毎月、年金制度に現金を負担する会社があるかどうか
(C) 彼の年金制度の株式配当が所得とみなされないかどうか
(D) 女性の会社が彼女に税控除を提供するかどうか

ボキャブラリー

- contribute to　～を負担する；拠出する
- IRA (= Individual Retirement Annuity)　名 個人退職年金
- contribution　名 積立金；掛け金
- count as　～とみなされる
- income　名 所得；収入
- pension　名 年金
- company stock　自社株
- tax break　税制優遇措置；税控除
- apply to　～に適用される
- stock dividend　株式配当（金）
- quarterly　形 年4回の
- basis　名 基準；制度
- stock option　ストックオプション；自社株購入権
- financial director　財務部長；財務担当役員
- consult　動 相談する
- be subject to　～に従って；～しなければならない

PART III ▶ 正解・解説

CD-2 ㊻

Questions 56-58　★　　　男性 カ　女性 豪

56. 正解：(A)
解説 女性は1回目の台詞で本部長について、Isn't he on disability?（彼は病欠じゃなかった？）と言った後、I heard that he injured his back and will be out for several weeks.（彼は腰を痛めて、数週間休暇を取る予定）と説明している。ここから、(A)の「彼は病欠中である」が正解と判断できる。

57. 正解：(C)
解説 設問56で引いたように、本部長は数週間休暇を取る（will be out for several weeks）。言い方を変えれば数週間後に復帰するということである。したがって、In a few weeksとする(C)が正しい。

58. 正解：(D)
解説 女性は2回目の台詞で、He was trying to move the file cabinet to the other side of the room by himself.と、本部長が腰を痛めたいきさつを説明している。「1人でthe file cabinet（書類棚）を移動しようとしてけがをした」わけだから、(D)が正解である。

スクリプト
M: I haven't spoken to the general manager for days. Is he still working here? I haven't seen him around the office lately, and I know he's not on vacation.
W: Isn't he on disability? I heard that he injured his back and will be out for several weeks.
M: Oh. I didn't know that. How did he injure his back?
W: He was trying to move the file cabinet to the other side of the room by himself.

スクリプトの訳
男性：本部長とは何日も話してないなあ。彼はまだここで働いているの？　最近、会社で彼を見ていないし、彼が休暇ではないことは知っているんだけど。
女性：彼は病欠じゃなかった？　腰を傷めて、数週間職場から離れるって聞いたわ。
男性：そう。知らなかった。彼はどうして腰を傷めたの？
女性：彼は1人で書類棚を部屋の反対側へ移動しようとしたのよ。

会話問題

設問・選択肢の訳

56. 男性はなぜ本部長を見かけなかったのですか。
(A) 彼は病欠中である。
(B) 彼は仕事を辞めた。
(C) 彼は他のオフィスに移った。
(D) 彼は休暇中である。

57. 本部長はいつ復帰するでしょうか。
(A) 数日で
(B) 休暇の後
(C) 数週間で
(D) 1週間で

58. 本部長は何をしましたか。
(A) 彼は休暇中に腰を痛めた。
(B) 彼は書類棚を自分の部屋に戻した。
(C) 彼は他の部屋に移動しているときに腰を痛めた。
(D) 彼は書類棚の移動中に腰を痛めた。

ボキャブラリー

- **general manager** （本）部長
- **for days** 何日も
- **lately** 副 近ごろ；最近
- **on disability** 病欠で；障害を持って
- **back** 名 腰；背中
- **file cabinet** 書類棚
- **by oneself** 独力で；1人で
- **sick leave** 病欠
- **quit** 動 退社する；やめる

PART III ▶ 正解・解説

CD-2 ㊷

Questions 59-61 ★★ 男性 カ 女性 米

59. 正解：(D)
解説 女性の台詞にある、Our flight（私たちのフライト）、go to the counter（カウンターに行く）、an alternate route（代わりの路線）などから飛行機に関する会話が行われていることが推測できる。つまり、冒頭のthe board on the wallは空港にある離発着を示す電光掲示板のこと。(D)の「空港で」が最適。

60. 正解：(A)
解説 女性は1回目の台詞で、Our flight has been grounded.と発言している。このgroundは他動詞で、「飛行禁止にする；地上にとどめる」という意味。したがって、(A)の「彼らのフライトが離陸しない」が正解である。

61. 正解：(B)
解説 男性は2回目の台詞で、I'll call the secretary and ask her to make the arrangements, just in case.と言っている。callをphoneに言い換えた(B)が正解。teleconferenceをすることはまだ確定したわけではないので(A)は誤り。the airport counterに行くのは女性なので(C)も誤り。

スクリプト
W: Look at the board on the wall. Our flight has been grounded. I'm afraid we're stuck here.
M: Oh, no. What are we going to do about the meeting tomorrow? We really can't afford to miss it under any circumstances.
W: I'll go to the counter and ask if there's a later flight or an alternate route. If there isn't any way to get there, maybe we should consider having a teleconference.
M: That's an excellent idea. I'll call the secretary and ask her to make the arrangements, just in case.

スクリプトの訳
女性：壁にあるボードを見て。私たちの便は運行中止になったわ。私たちはここから動けないようね。
男性：ああ、どうしよう。明日の会議はどうする？ どんな状況だろうと欠席するわけにはいかないよ。
女性：私はカウンターに行って、遅い便か、代わりの路線があるかどうか聞いてみるわ。もし向こうに行く方法がなかったら、遠隔会議を考えましょう。
男性：それはいい考えだね。秘書に電話して、万が一のときのために手配をしてくれるように頼むよ。

会話問題

設問・選択肢の訳

59. 話者たちはどこで話していますか。
(A) カフェで
(B) バス停で
(C) タクシー乗り場で
(D) 空港で

60. 男性と女性はなぜ会議に出席できないのですか。
(A) 彼らのフライトが離陸しない。
(B) 彼らは野球場にいる。
(C) 彼らは遠隔会議に出ている。
(D) 彼らはそれをする方法を知らない。

61. 男性は次に何をしますか。
(A) 遠隔会議を開く
(B) 秘書に電話する
(C) 空港のカウンターに行く
(D) 電話して、フライトの調整をする

ボキャブラリー

- **ground** 動 飛行禁止にする；地上にとどめる
- **stuck** 形 動かなくて；行き詰まって
- **can afford to do** ～する余裕がある
- **miss** 動 欠席する；逃す
- **under any circumstances** いかなる場合も；どのような状況であっても
- **alternate** 形 代わりとなる；代替の
- **teleconference** 名 （電話・テレビ・インターネット等による）遠隔会議
- **make an arrangement** 準備をする；手はずを整える
- **just in case** 念のため；万が一に備えて

PART III ▶ 正解・解説

CD-2 ⓺⓼

Questions 62-64 ★★★　　　　　　　　　　　　　　男性 英　女性 豪

62. 正解：(B)

解説 女性は1回目の台詞で、It seems that they can't agree on the contract terms.と、「部長とウェアリングさんが契約で折り合わない」ことを指摘し、2回目の台詞でshe wants more paid holidays than the contract allows as well as dental benefits.（ウェアリングさんが契約条件より多い有給休暇と歯科医療手当を求めている）と言っている。したがって、「彼は契約上で彼女が望むものに同意できないから」とする(B)が正解である。

63. 正解：(B)

解説 設問62で引いた女性の2回目の台詞から、ウェアリングさんが求めているのは「契約が認めるより多い有給休暇」と「歯科医療手当」。これら2つを組み込んだ選択肢は(B)である。

64. 正解：(C)

解説 男性の2回目の台詞にあるIf she succeeds, I'll have to renegotiate my contract.に注目。「彼女（ウェアリングさん）が交渉に成功したら、自分も再交渉したい」という意志を表明しているので、「彼は同様の給付が欲しい」とする(C)が最適。

スクリプト
W: The manager is impressed with Ms. Waring's résumé but is still hesitant to hire her. It seems that they can't agree on the contract terms.
M: What terms do they disagree on? I really hope she joins our team. She's the ideal candidate.
W: Apparently she wants more paid holidays than the contract allows as well as dental benefits.
M: Well, that's asking a lot. If she succeeds, I'll have to renegotiate my contract.

スクリプトの訳
女性：部長はウェアリングさんの履歴書に感心しているけど、彼女を雇用するのをまだためらっているの。契約条件で合意できないみたいなのよ。
男性：どんな条件で合意できないのだろう？　僕はぜひ彼女にチームに加わってほしいんだ。彼女は理想的な応募者だよ。
女性：彼女は歯科医療手当のほかに、契約が認めるよりも多い有給休暇を求めているらしいの。
男性：それは要求が多いね。彼女がうまくやったら、僕も契約を再交渉しないとね。

会話問題

設問・選択肢の訳

62. 部長はなぜウェアリングさんを雇うことをためらっているのですか。
(A) 彼女は非常勤で仕事をしたいから。
(B) 彼は契約上で彼女が望むものに同意できないから。
(C) 彼女は理想的な候補者だから。
(D) 彼は彼女の履歴書に感銘を受けていないから。

63. ウェアリングさんは何を望んでいますか。
(A) さらに多くの海外での休暇と新しい歯科医
(B) さらに多くの休暇期間と歯科医療の給付
(C) さらに多くの休日出勤手当と歯科医療給付
(D) 歯科医への昇格とさらに多くの休日

64. 男性は何をほのめかしていますか。
(A) ウェアリングさんはあまり多くを要求していない。
(B) 彼はまだ契約の交渉をしていない。
(C) 彼は同様の給付が欲しい。
(D) ウェアリングさんは彼と同じ契約をしている。

ボキャブラリー

- **be impressed with** 〜に好感を持つ；〜に感心する
- **résumé** 名 履歴書
- **hesitant** 形 ためらう；消極的な
- **hire** 動 雇う
- **contract** 名 契約（書）
- **terms** 名 条件
- **disagree on** 〜に関して意見が合わない
- **ideal** 形 理想的な；申し分ない
- **candidate** 名 志願者；応募者
- **apparently** 副 たぶん；どうも〜らしい
- **paid holidays** 有給休暇
- **dental benefits** 歯科医療給付；歯科保険補助
- **ask a lot** 多大な要求をする
- **renegotiate** 動 再交渉する
- **promote** 動 昇格させる

PART III ▶ 正解・解説

Questions 65-67 ★★★　　　男性 英 女性 米

65. 正解：(B)
解説 男性は冒頭で、Did you see the news this morning?と女性に聞いている。男性の質問はこれだけなので、男性が聞きたいことは、(B)の「女性がそのニュースを聞いていたかどうか」に特定できる。

66. 正解：(C)
解説 女性がWhy would the government do that?とたずねたのに対し、男性はTo prevent the buyer, Jarvis Corporation, from monopolizing the tech industry.と答えている。「買い手であるジャービス社がハイテク産業を独占することを阻止するため」というのがその理由である。preventをstopに、monopolyをtake overに言い換えると、(C)と同様の表現になる。

67. 正解：(C)
解説 女性の政府に対する見解は2回目の台詞にある。彼女はI think the government is overestimating Jarvis Corporation's power.と発言している。overestimateは「過大評価する」の意で、これをthink too much ofに言い換えた(C)が正解。

スクリプト
M: Did you see the news this morning? The government has stepped in to stop the sale of that huge tech corporation.
W: You mean Zeal Corporation? I didn't hear anything about it. Why would the government do that? I think this move will help the sector immensely.
M: To prevent the buyer, Jarvis Corporation, from monopolizing the tech industry.
W: I really don't think that could happen. I think the government is overestimating Jarvis Corporation's power.

スクリプトの訳
男性：今朝のニュースを見た？ 政府が介入してあのハイテク大手企業の売却をやめさせたんだ。
女性：ジール社のこと？ そのことは何も聞いていないわ。なぜ政府はそんなことをするの？ こうした動きによって業界はずいぶん助かるんじゃないかと思うけど。
男性：買い手であるジャービス社がハイテク産業を独占するのを防ぐためだよ。
女性：そんなことが起こるとは思えないけれど。政府はジャービス社の力を過大評価しているのよ。

会話問題

設問・選択肢の訳

65. 男性は何を知りたいですか。
   (A) なぜ政府が売却を中止しようとしたのか
   (B) 女性がそのニュースを聞いていたかどうか
   (C) 女性がジール社について聞いたことがあるかどうか
   (D) なぜジャービスがその産業を独占しているか

66. 政府はなぜその会社の売却を中止したのですか。
   (A) その会社がハイテク製品を購入するのをやめさせるため
   (B) 購入者にハイテク産業を独占させるため
   (C) 購入者がハイテク産業を支配するのをやめさせるため
   (D) それにハイテク市場に投資させるため

67. 女性は政府についてどう思っていますか。
   (A) それは自らの力を過大評価している。
   (B) それはハイテク産業を独占している。
   (C) それはジャービス社を過大評価している。
   (D) それはハイテク業界を強力に支援している。

ボキャブラリー

- □ **government** 名 政府
- □ **step in** ～に介入する
- □ **huge** 形 巨大な
- □ **tech corporation** ハイテク企業
- □ **sector** 名 部門；分野
- □ **immensely** 副 とても；非常に
- □ **prevent ... from doing** …が～するのを妨げる
- □ **buyer** 名 買い手
- □ **monopolize** 動 独占する
- □ **tech industry** ハイテク産業
- □ **overestimate** 動 過大評価する
- □ **take over** 支配する；買い取る
- □ **think much of** 評価する；重視する

模擬テスト3

PART III ▶ 正解・解説

CD-2 ⑦⓪

Questions 68-70 ★★　　　　　　　　　　　男性 力　女性 豪

68. 正解：(D)
解説 女性の冒頭の台詞に、a new video editing software package（新しい動画編集ソフトのパッケージ）が出てくる。続いて、the beta version（試用版）を使ったと述べている。これに対して、男性はダウンロードの仕方をたずね、女性がそれに答えるという流れ。(D)が最適。なお、the beta versionとthe trialは同じ意味で使われている。

69. 正解：(B)
解説 男性は女性に、Where can I download it?と（試用版の）ダウンロードの仕方をたずね、I'd love to give it a try.（それを試してみたい）と言っている。したがって、(B)の「サイトに行き、そのソフトをダウンロードする」が正解である。

70. 正解：(A)
解説 女性は最後に、It only lasts 30 days, though.と発言している。このlastは自動詞で「続く」の意。つまり、試用版の使用期間は(A)の「1カ月間」である。a few minutesは試用版のダウンロードにかかる時間なので(D)は誤り。

スクリプト
W: The TeleMedia Company has just come out with a new video editing software package. Have you tried the beta version of it yet? I tried it last night and it's easy to navigate.
M: No, I hadn't even heard about it until now. Where can I download it? I'd love to give it a try.
W: Just go to TeleMedia's site and follow the instructions. It only takes a few minutes to download the trial with a fast connection. It only lasts 30 days, though.

スクリプトの訳
女性：テレメディア社が新しい動画編集ソフトのパッケージを発表したの。ベータ版はもう試した？　私は昨夜使ってみた。操作が簡単なのよ。
男性：いや、僕は今までそれについて聞いたこともなかったよ。どこでダウンロードできるの？　ぜひ使ってみたいよ。
女性：テレメディアのサイトに行って、指示に従うだけ。高速接続なら試用版のダウンロードに数分しかかからないわ。でも、試用期間は30日だけよ。

会話問題

設問・選択肢の訳

68. 話者たちは何を話していますか。
(A) 古い動画編集ソフトの改良バージョン
(B) ウェブサイトを作成するソフトのベータ版
(C) 動画編集ソフトの完全版
(D) 動画編集ソフトの試用版

69. 男性は次に何をしますか。
(A) そのソフトのマニュアルを捨てる
(B) サイトに行き、そのソフトをダウンロードする
(C) たくさんのソフトをネット上で購入してみる
(D) 彼のソフトのベータ版を発表する

70. 男性はどれくらいの期間そのソフトを使えますか。
(A) 1カ月
(B) 1日
(C) 1時間
(D) 数分

ボキャブラリー

- **come out with** ～を発表する；市場に出す
- **video editing software** 動画編集ソフト
- **package** 名（ソフトウェアの）製品パッケージ
- **beta version** β（ベータ）版；試用版
- **navigate** 動 操作する
- **give it a try** 試してみる
- **instructions** 名 指示；マニュアル
- **trial** 名 試用（版）
- **last** 動 続く
- **download** 動 ダウンロードする
- **site** 名 サイト；ホームページ
- **fast connection** 高速接続
- **throw out** 処分する；捨て去る

PART IV ▶ 正解・解説

Questions 71-73 ★★★

71. 正解：(D)
解説 話者は自己紹介した後、Thank you for attending this awards ceremony, which honors the best young poets in the nation.と言っている。話者が話しているのはawards ceremony（表彰式）の会場で、この表彰式はthe best young poets（最優秀の若い詩人）を称えるものである。また、最後にAfter I announce the winner today, he or she will come up to the stage and read the winning entry.と述べていることから、(D)の「詩のコンテストの受賞者を発表すること」が最適。詩のコンテストのプロセスは最終段階にあるので、(C)は不適当である。

72. 正解：(D)
解説 judgesに続く関係詞節の中で、all brilliant published poetsと述べられている。publishedは「出版された；公表された」の意で、彼らの作品が本や雑誌などに掲載されたことを指す。(D)が正解である。また、judgesはselected the top ten poemsと述べられていて、「（応募された作品の中から）最優秀詩10編を選んだ」のであり、(B)のように「最優秀詩10編のみを審査した」わけではない。

73. 正解：(C)
解説 スピーチの終わりのほうのthe top prize of a full scholarship to the Institute of Language Artsを聞き取ろう。最優秀賞は「言語芸術研究所に通学するための奨学金全額の支給」である。scholarship（奨学金）を理解できるかどうかがポイント。これを financial aid（財政的援助）と言い換えた(C)が正しい。

スクリプト Questions 71 through 73 refer to the following speech.

Hello. I'm Sandra Beckett, President of the Society for Young Poets. (71)Thank you for attending this awards ceremony, which honors the best young poets in the nation. Over the past year, we have asked young people throughout the country to submit poetry they have written. Our esteemed panel of judges, who are sitting to my left and are (72)all brilliant published poets, selected the top ten poems. We then asked the young writers themselves to come and read their poems for us. After that, we made our decisions as to who would receive (73)the top prize of a full scholarship to the Institute of Language Arts. (71)After I announce the winner today, he or she will come up to the stage and read the winning entry.

説明文問題

スクリプトの訳 設問71～73は次のスピーチに関するものです。

こんにちは。「若い詩人協会」会長のサンドラ・ベケットと申します。(71)国内最優秀の若い詩人の栄誉を称えるこの表彰式にご出席いただきましてありがとうございます。過去1年の間、私たちは全国の若い人々に自作の詩の投稿を呼びかけてまいりました。私の左手に座っておられるのが敬愛すべき審査員の皆様で、いずれもが(72)輝かしい出版実績をお持ちの詩人でいらっしゃいます。審査員の方々には最優秀詩10編を選んでいただきました。私たちはそれから若い作家の方々に詩の朗読をお願いしました。その後、私たちは、(73)言語芸術研究所の奨学金を全額支給される最優秀賞の受賞者を決定いたしました。(71)今日は、最優秀賞受賞者を発表した後、この受賞者の方にステージに上がっていただき、最優秀作品を朗読していただきます。

設問・選択肢の訳
71. このスピーチの目的は何ですか。
(A) 詩のコンテストの審査員を紹介すること
(B) 若い詩人に舞台での詩の朗読を頼むこと
(C) 若者向けの詩のコンテストを紹介すること
(D) 詩のコンテストの受賞者を発表すること

72. 審査員について話者はどのように言っていますか。
(A) 彼らは彼女の右側に座っている。
(B) 彼らは最優秀詩10編のみを審査した。
(C) 彼らは受賞した詩を舞台で朗読する。
(D) 彼らの詩は本または雑誌に掲載されたことがある。

73. このコンテストの最優秀賞は何ですか。
(A) 言語芸術研究所のツアー
(B) 最高級レストランでのフルコースの食事
(C) 通学のための財政的援助
(D) 出版契約

ボキャブラリー
- □ **president** 名 会長；社長
- □ **awards ceremony** 授賞式；表彰式
- □ **honor** 動 栄誉を与える
- □ **submit** 動 提出する
- □ **esteemed** 形 尊敬すべき；立派な
- □ **judge** 名 審査員
- □ **publish** 動 出版する
- □ **poem** 名（1編の）詩
- □ **scholarship** 名 奨学金
- □ **entry** 名 出品物
- □ **contract** 名 契約
- □ **poet** 名 詩人
- □ **past** 形 過去の
- □ **poetry** 名（文学形式としての）詩
- □ **panel** 名 一団
- □ **brilliant** 形 すばらしい
- □ **select** 動 選ぶ
- □ **as to** ～について；～に関して
- □ **winner** 名 受賞者
- □ **financial** 形 財政上の

PART IV ▶ 正解・解説

CD-2 73

Questions 74-76 ★　　　　　　　　　　　　　　　　　　　　　　英

74. 正解：(C)

解説 This is your Captain speaking.は機長が乗客に対してアナウンスする際の決まり文句。したがって、「機内で」とする(C)が正解。ほかにもWe will reach our cruising altitudeやI will turn off the fasten seatbelts signなど、機内だと分かる表現がある。

75. 正解：(B)

解説 Those of you carrying laptopsで始まる文がノートパソコンを持っている人について述べた部分である。この文の後半にby plugging your PC into the arm of your seatとあることから、正解は(B)。

76. 正解：(B)

解説 話者がこれからの自分の行動を示しているのは、最後のI will turn off the fasten seatbelts sign then.（そのときシートベルト着用のサインを消す）のみ。これを簡略化した(B)が正解である。

スクリプト　Questions 74 through 76 refer to the following announcement.

Good afternoon, ladies and gentlemen. (74)This is your Captain speaking. I'd like to thank you all for flying CWA today. It is my pleasure to announce that we now have in-flight Internet access for all our passengers. (75)Those of you carrying laptops can now send and receive e-mail transmissions and access the Internet by plugging your PC into the arm of your seat. Those without laptops can access the Internet and e-mail accounts by using the video screen on the back of the seat in front of you. Please ask a flight attendant for assistance on how to take advantage of this new service. We will reach our cruising altitude in a few minutes, and (76)I will turn off the fasten seatbelts sign then.

スクリプトの訳　設問74〜76は次のアナウンスに関するものです。

皆様、こんにちは。(74)機長です。本日はCWAにご搭乗いただきましてありがとうございます。現在、全ての乗客の皆様が機内インターネット・アクセスをご利用いただけますことをお知らせいたします。(75)ノートパソコンをお持ちの方は今、座席のひじ掛けにパソコンを接続することにより、メールの送受信とインターネット接続ができます。ノートパソコンをお持ちでない方は、前の座席の背面にあるビデオ画面を利用することによって、インターネットとメールアカウントに接続

説明文問題

できます。この新サービスの利用法につきまして、ご不明な点は客室乗務員におたずねください。数分後に巡航高度に達しましたら、(76)シートベルト着用のサインを消させていただきます。

設問・選択肢の訳

74. このアナウンスはどこで行われていますか。
(A) ネットカフェで
(B) 空港で
(C) 機内で
(D) オフィスで

75. 話者はノートパソコンを持っている人についてどう言っていますか。
(A) 彼らは座席の後部からインターネットにアクセスできる。
(B) 彼らは座席のひじ掛けからインターネットにアクセスできる。
(C) 彼らは前の座席の後部からインターネットにアクセスできる。
(D) 彼らは後ろの座席の前部からインターネットにアクセスできる。

76. 話者はもうすぐ何をしますか。
(A) クルーズに出かける
(B) サインを消す
(C) 客室乗務員に助けを求める
(D) インターネットにアクセスする

ボキャブラリー

- **captain** 名 機長
- **in-flight** 形 飛行中の
- **access** 名 (インターネットへの) 接続　動 接続する
- **passenger** 名 乗客
- **laptop** 名 ノートパソコン
- **transmission** 名 送信
- **plug** 動 差し込む
- **arm** 名 ひじ掛け
- **assistance** 名 援助；助け
- **take advantage of** ～をうまく利用する
- **cruising altitude** 巡航高度
- **turn off** ～を消す
- **cruise** 名 周遊；クルーズ

PART IV ▶ 正解・解説

CD-2 ⑭

Questions 77-79 ★ 豪

77. 正解：(D)
解説 話者はWelcome aboard.に続いてwe'll drive to ...と発言していることから、自動車類に乗っていることが推測できる。また、冒頭部分からtourであることが分かっているので、旅行者の団体を乗せることができる(D)のbusを選択する。

78. 正解：(C)
解説 ツアーの訪問場所は時系列で紹介されている。lunchの前に出かけるのはまずsome of the city's most famous gardens、続いてthe museumである。後者が(C)に合致する。

79. 正解：(C)
解説 we'll have lunchという昼食の説明に未来を表す助動詞willが使われていることから、トークが行われているのは午前中と判断できる。(C)が正解。

スクリプト **Questions 77 through 79 refer to the following talk.**

Hello. My name is Tamara, and I'll be your guide for our tour of the area. Welcome aboard. First, (77)we'll drive to (78)some of the city's most famous gardens to explore their beauty. You will have approximately one hour before we depart for our next destination, which will be (78)the museum. We'll have another hour at the museum, which is currently exhibiting marine life fossils. After that, (79)we'll have lunch on the museum grounds. From 1:00, we'll head for Baytown and witness the spectacular waterfalls there. We'll have two hours to spend in the area, so you're welcome to visit the nearby zoo if you wish. From 3:00 we'll head back to the downtown area and close the tour with a little souvenir shopping. Any questions before we start?

スクリプトの訳 設問77～79は次のトークに関するものです。

こんにちは。タマラと申します。地域周遊ツアーのガイドを務めさせていただきます。ご参加ありがとうございます。まず私たちは、(78)市の最も有名な庭園のいくつかを(77)訪れ、美しさを堪能します。およそ１時間を過ごしてから、次の目的地である(78)博物館に向かいます。現在、海洋生物の化石を展示しているこの博物館でさらに１時間過ごします。その後に、博物館の敷地内で(79)昼食をとります。１時から、ベイタウンに向かい、そこで壮観な滝をごらんいただきます。その地域では２時間過ごしますので、お望みならば、近くの動物園をご自由

説明文問題

に訪問してください。3時になったら、市街地に戻り、お土産物のショッピングをしてツアーを終える予定です。出発する前に何かご質問はありませんか。

設問・選択肢の訳

77. このトークはどこで行われていますか。
   (A) 船上で
   (B) タクシーの中で
   (C) 電車で
   (D) バスで

78. 訪問者は昼食前に何をしますか。
   (A) お土産を買いに行く
   (B) 近くの動物園を訪問する
   (C) 博物館を見学する
   (D) 滝を見る

79. このトークは1日のいつごろ行われていますか。
   (A) 午後遅く
   (B) 夜
   (C) 午前中
   (D) 午後早く

ボキャブラリー

- □ aboard　副（車・船・飛行機などに）乗って
- □ explore　動 探検する；探る
- □ approximately　副 およそ；だいたい
- □ depart　動 出発する
- □ currently　副 現在は；今は
- □ marine life　海洋生物
- □ head for　～に向かう
- □ spectacular　形 見事な
- □ nearby　形 すぐ近くの
- □ destination　名 目的地
- □ exhibit　動 展示する
- □ fossil　名 化石
- □ witness　動 目撃する；見る
- □ waterfall　名 滝
- □ souvenir　名 お土産

PART IV ▶ 正解・解説

CD-2 75

Questions 80-82 ★★ 力

80. 正解：(D)

解説 メッセージの冒頭近くで、I just wanted to give you directions to my place for the get-together I'm having on Sunday. と述べられている。get-together は「会合；パーティー」の意で、カジュアルな集まりを指す。これを party に言い換えた (D) が正解である。

81. 正解：(D)

解説 かなり複雑な道案内だが、Junction 55 への行き方は最初のほうに take Highway 1 to Junction 55 と出てくる。ハイウェー1号線に乗ればいいことが分かる。(D) が正解。

82. 正解：(D)

解説 後半にある Sather Lane is one-way の部分を聞き取ればいい。one-way（一方通行）ということなので、(D) を選ぶ。

スクリプト Questions 80 through 82 refer to the following recorded message.

Hi, Shiela. This is Robert. (80)<u>I just wanted to give you directions to my place for the get-together I'm having on Sunday</u>. First of all, my address is 55 Redwood Drive. To get to Redwood Drive, (81)<u>take Highway 1 to Junction 55</u>, stay in your right-hand lane and follow Junction 55 to Marina Parkway. Make a left on Marina Parkway, and at the second stop sign, make a right. Go to the first intersection and make a left onto Sather Lane. (82)<u>Sather Lane is one-way</u>, so make sure that you follow these directions carefully. Go down Sather Lane for three blocks and Redwood Drive is the first major intersection. That's it. Hope you wrote all that down. I'll see you on Sunday. Oh, and feel free to bring a friend if you like. Bye.

スクリプトの訳 設問80〜82は次の録音メッセージに関するものです。

こんにちは、シーラ。ロバートです。(80)<u>日曜日に開くパーティーに来てもらえるように僕の家への道順をお知らせします</u>。まず、僕の住所はレッドウッドドライブ55番地です。レッドウッドドライブに来るには、(81)<u>ハイウェー1号線に乗り55番ジャンクションまで</u>、右側車線を走ってください。そして、55番ジャンクションでマリナパークウェーに進みます。左折してマリナパークウェーに入り、2つ目の一時停止標識のところで右折してください。最初の交差点まで行って、左折し、サザーレーンへ入ってください。(82)<u>サザーレーンは一方通行なので</u>、

説明文問題

この道案内に慎重に従ってください。サザーレーンを3ブロック進むと、レッドウッドドライブは最初の大きな交差点です。これで終わりです。全部書き取れているといいのですが。日曜日に会いましょう。そう、もしよければ遠慮なくお友達を連れてきてください。それでは。

設問・選択肢の訳

80. 日曜日に何が起こりますか。
(A) ロバートがレストランで会合を開く。
(B) ロバートがシーラを彼の家に連れていく。
(C) ロバートとシーラが一緒に入居する。
(D) ロバートがパーティーを開く。

81. 55番ジャンクションにはどのように行きますか。
(A) サザーレーンを進む
(B) 最初の交差点に行く
(C) マリナパークウェーで左折する
(D) ハイウェー1号線を走る

82. サザーレーンはどんな種類の通りですか。
(A) 3車線の高速道路
(B) 双方向の通り
(C) 4車線のハイウェー
(D) 一方通行の通り

ボキャブラリー

- ☐ **directions** 名 道案内
- ☐ **get-together** 名 パーティー；内輪の集まり
- ☐ **first of all** まず；第一に
- ☐ **right-hand lane** 右側車線
- ☐ **make a right / a left** 右折する／左折する
- ☐ **sign** 名 標識；看板
- ☐ **intersection** 名 交差点
- ☐ **one-way** 形 一方通行の
- ☐ **go down** （道などに沿って）進む
- ☐ **That's it.** これで終わりだ；これだけだ
- ☐ **write down** 書き留める
- ☐ **feel free to do** 自由に〜する；遠慮なく〜する
- ☐ **gathering** 名 集まり

PART IV ▶ 正解・解説

CD-2 76

Questions 83-85 ★★

83. 正解：(C)
解説 73 percent of those surveyed said that they would like to see our product in convenience storesの部分を聞き取ろう。73 percentとsee our product in convenience storesが離れているので、注意が必要。正解は(C)。

84. 正解：(D)
解説 設問のmake a differenceが出てくる文は、アナウンスでは20 percent said it didn't make a difference where we sold the productとなっている。「製品が販売される場所は関係ない」という意見は20パーセントなので、(D)が正解である。

85. 正解：(D)
解説 設問のsee get higherはアナウンスの終わりのほうで、While the more favorable numbers are OK, I would really like to see them get higher.という文で使われている。to see them get higherのthemが指すものは、具体的には前出のrefer our product to othersから「当社製品を他の人に勧める人数」のことである。この文脈を聞き取れていれば、(D)に特定できるはず。

スクリプト Questions 83 through 85 refer to the following announcement.

Thank you all for gathering for this meeting today. I'd like to discuss the results of the marketing survey we took last week. We discovered that over 85 percent of our target market wishes that the product was more reasonably priced. The rest seemed to be satisfied with the current price. (83)73 percent of those surveyed said that they would like to see our product in convenience stores, while (84)20 percent said it didn't make a difference where we sold the product. The remainder didn't have an opinion. (85)When asked if they would refer our product to others, 61 percent said they would, 25 percent were unsure, and the rest said that they wouldn't recommend it. (85)While the more favorable numbers are OK, I would really like to see them get higher. Therefore, I think a few revisions to the product are in order. I would like to get your opinions on how we can better it.

説明文問題

スクリプトの訳 設問83〜85は次のアナウンスに関するものです。

皆さん、本日の会議にお集まりいただきましてありがとうございます。先週実施した市場調査の結果を話し合いたいと思います。我々の目標市場の85パーセント以上がこの製品がもう少し手頃な価格であることを望んでいるのが分かりました。残りは現在の価格に満足しているようです。(83)<u>調査対象者の73パーセントが当社製品をコンビニで見たいと答えたのに対して、</u>(84)<u>20パーセントは製品の販売場所は関係ないと言っています。</u>残りは意見なしでした。(85)<u>当社製品を他の人に勧めるかという質問には、</u>61パーセントが「勧める」と答えたのに対し、25パーセントは「わからない」と答え、残りは「勧めない」と回答しました。(85)<u>好意的な意見が多いのは結構ですが、この数字をさらに高くしたいと思います。</u>そこで、この製品に多少の改良を加えたいのです。どうすれば改良できるか、皆さんのご意見をお聞かせください。

設問・選択肢の訳

83. 調査を受けた人の何パーセントがコンビニでこの製品を見たいと答えましたか。
(A) 85パーセント
(B) 61パーセント
(C) 73パーセント
(D) 20パーセント

84. 調査を受けた人の何パーセントがその製品がどこで売られるかは関係ないと答えましたか。
(A) 85パーセント
(B) 25パーセント
(C) 73パーセント
(D) 20パーセント

85. 話者は何がもっと上がるのを見たいですか。
(A) その製品に意見を持つ人のパーセンテージ
(B) 製品になされる修正の数
(C) 手頃な価格の製品を望む人々のパーセンテージ
(D) その製品を推奨する人の数

ボキャブラリー

- **result** 名結果；成果
- **survey** 名調査 動調査する
- **target market** 目標市場
- **reasonably** 副適度に；無理なく
- **price** 動値段をつける 名価格
- **make a difference** 違いを生じる；影響を及ぼす
- **remainder** 名残りの人（物）
- **refer ... to 〜** …を〜に話す（紹介する）
- **unsure** 形自信がない；不確かな
- **recommend** 動推薦する；勧める
- **favorable** 形好意的な；好ましい
- **revision** 名修正；見直し
- **in order** ふさわしい；望ましい

PART IV ▶ 正解・解説

Questions 86-88 ★★

86. 正解：(B)

解説 high temperatures in the low 50sを聞き取ることがポイントだが、この文がTodayで始まる前文から続いて、今日の最高気温を示していることを理解する必要がある。high temperaturesは「最高気温」、low temperaturesは「最低気温」だが、highsやlowsと1語で表すこともある。また、highやlowが数字の前に付けば、high 30s→「30度台後半」、low 50s→「50度台前半」という意味である。

87. 正解：(B)

解説 The wind chill factor will contribute to this. を聞き取ることがポイント。thisは前文の「明日、気温が3度下がる」ことを指す。contribute toは「～の原因になる」という意味で、wind chill factor、つまり風が原因で気温が下がることが分かる。(B)が正解。

88. 正解：(C)

解説 Fridayは終わりのほうのThis will taper off by Friday. という文で使われている。Thisは前文のprecipitation（降水量＝rain）を示す。taper offは天気予報でよく使われ、「(雨などが) あがる」という意味。これをlessen（少なくなる）に言い換えた(C)が正しい。

スクリプト **Questions 86 through 88 refer to the following report.**

This is Nate Campbell with your weekly weather report. Today we can expect clear to cloudy skies with light winds coming in from the northeast. Low temperatures are expected to be in the high 30s and (86)<u>high temperatures in the low 50s</u>. It will remain cloudy throughout the week. Expected precipitation by mid-week is bringing a cold front, so it'll be even chillier tomorrow with temperatures dropping by 3 degrees during the day. (87)<u>The wind chill factor will contribute to this</u>. Wind speed will be around 10 miles per hour. The forecast shows one inch of precipitation on Wednesday, and two inches on Thursday. (88)<u>This will taper off by Friday</u>. Temperatures should be slightly higher from that evening and stay that way throughout the weekend.

説明文問題

スクリプトの訳 設問86～88は次のリポートに関するものです。

ネイト・キャンベルが週間天気予報をお伝えします。今日は晴れのち曇り、弱い北東の風が予想されます。最低気温は30度台後半、(86)最高気温は50度台前半の見込みです。今週中はずっと曇り空が続くでしょう。週の中ごろまでに雨が降る見込みで、寒冷前線が近づきます。明日はさらに冷え込み、気温は日中3度低くなるでしょう。(87)風の冷却効果のためです。風速は時速約10マイルの見込みです。水曜日には1インチ、木曜日には2インチの雨が降るでしょう。(88)金曜日までには天気は回復に向かいます。金曜の夜から気温は少し上昇し、週末いっぱい同じ天候が続きます。

設問・選択肢の訳 86. 今日の最高気温は何度と予想されていますか。
(A) 50度台後半
(B) 50度台前半
(C) 30度台後半
(D) 30度台前半

87. 明日気温が下がる原因は何ですか。
(A) 冷たい降雨
(B) 風
(C) 少しの雪
(D) 曇天

88. 金曜日はどうなりますか。
(A) 風速が時速10マイルになる。
(B) 雨が強くなる。
(C) 雨がしだいに弱まる。
(D) 降水量が2インチになる。

ボキャブラリー
- □ **weather report** 天気予報
- □ **clear** 形 晴れた
- □ **light wind** そよ風；弱風
- □ **remain** 動 ～のままである
- □ **precipitation** 名 降水（量）
- □ **chilly** 形 冷たい
- □ **wind chill factor** 風の冷却効果；体感温度
- □ **taper off** 次第に衰える
- □ **lessen** 動 弱まる；減少する
- □ **expect** 動 予期する；期待する
- □ **cloudy** 形 曇った
- □ **temperature** 名 温度；気温
- □ **throughout** 前 ～の間中
- □ **cold front** 寒冷前線
- □ **degree** 名 （温度の単位）度
- □ **slightly** 副 わずかに；少し
- □ **gradually** 副 しだいに

PART IV ▶ 正解・解説

CD-2 ㊆

Questions 89-91 ★★★ 力

89. 正解：(D)

解説 冒頭で TechNet has machines and services that match the needs of small businesses and corporations alike. と、テクネットが「機器」と「サービス」の2つを提供する会社であることが述べられている。この後、state-of-the-art machines（最先端の機器）、remote support services（遠隔サポートサービス）、on-site support（現場サポート）などが順次説明されている。したがって、「企業向けの services と devices（= machines）を紹介すること」とした(D)が正解である。(B)の state-of-the-art machines はテクネットが提供する機器・サービスの一部にすぎない。

90. 正解：(C)

解説 ショートトーク中ほどにある、For more complicated problems, we can dispatch a staff member to provide on-site support quickly and efficiently. に注目。この more complicated problems は設問の difficult IT problems に対応する。ここから、この会社が難しい問題に対して提供するのは on-site support であることが分かる。(C)が正解。

91. 正解：(B)

解説 最終文の Telephone the nearest TechNet center today to find out more about how we can be of service to you and your business. から、この会社のサービスについてさらに知りたい場合には「最寄りのテクネットのセンターに電話する（Telephone the nearest TechNet center）」ことになる。telephone → call、the nearest → the closest、center → branch（支店）とそれぞれ言い換えた(B)が正解である。なお、こうした会社の製品やサービスへの問い合わせの情報はアナウンスの最後のほうで話されることがほとんどである。

スクリプト Questions 89 through 91 refer to the following short talk.

(89)TechNet has machines and services that match the needs of small businesses and corporations alike. Our company's state-of-the-art machines have multifunctional capabilities. We have anything from standard commercial grade copy machines to digital copiers and printers and facsimile machines. We also successfully plan and secure IT infrastructures for any kind of business. Whether you need a reliable intranet system or server set up, we can do it all for you. Our clients can also take advantage of our remote support services over the web. (90)For more complicated problems, we can dispatch a staff member to provide on-site support quickly and efficiently. All of our IT

説明文問題

services are designed to fit each individual company's budget. We also offer low-cost network upgrades. TechNet has the dedication and service necessary to get the job done, and get it done right. (91)<u>Telephone the nearest TechNet center today to find out more about how we can be of service to you and your business.</u>

スクリプトの訳 設問89〜91は次のショートトークに関するものです。

(89)<u>テクネットは小規模事業者・企業のニーズにぴったりの機器とサービスを提供しています。</u>当社の最先端の機器は多彩な機能を備えています。私共は、標準的な商用コピー機からデジタルコピー・プリンタ、ファクス機まですべてを取り揃えております。また、どんなタイプの事業にも対応できるITインフラを適切に立案して設置いたします。信頼性の高いイントラネット・システムやサーバーのセットアップが必要でしたら、私共にすべてをお任せください。また、お客様はウェブ上で遠隔サポートサービスをご利用いただけます。(90)<u>複雑な問題に対しては、お客様のもとにスタッフを派遣して、現場にてすばやく効率的なサポートをいたします。</u>当社のITサービスは、各企業の予算に合わせてアレンジいたします。私共はまた、ネットワークのアップグレードを低価格で提供しております。テクネットは献身的な奉仕の精神で、確実に業務を遂行します。(91)<u>本日、最寄りのテクネットセンターにお電話いただけましたら、お客様とその事業にいかにお役に立てるかを、さらに詳しくご説明いたします。</u>

設問・選択肢の訳 89. このトークの主な目的は何ですか。
(A) 成功する事業計画を提案すること
(B) 最先端の機器を発表すること
(C) 安全な情報技術インフラ計画の概要を示すこと
(D) 企業向けのサービスと機器を紹介すること

90. 情報技術の難問に対してこの会社は何を提供しますか。
(A) 商用レベルの機器
(B) 低価格のネットワーク更新
(C) 現場での支援
(D) ウェブ上でのサービス

91. どうすればテクネット社のサービスについてさらに詳しい情報を得られますか。
(A) 最寄りのセンターに行く
(B) 一番近い支店に電話する
(C) 一番近い場所にファクスを送信する
(D) ウェブ上で遠隔サポートサービスにアクセスする

PART IV ▶ 正解・解説

ボキャブラリー
- □ **state-of-the-art** 形（機器が）最新式の；最先端の
- □ **alike** 副 等しく；同等に
- □ **multifunctional** 形 多機能の
- □ **capability** 名 能力；性能
- □ **copier** 名 コピー機
- □ **secure** 動 設置する；確保する
- □ **infrastructure** 名 インフラ；基盤
- □ **reliable** 形 頼りになる；信頼できる
- □ **intranet system** 企業内ネットワークシステム；イントラネット
- □ **take advantage of** 〜をうまく利用する
- □ **remote** 形 遠隔の
- □ **complicated** 形 複雑な；分かりにくい
- □ **dispatch** 動 派遣する；送る
- □ **on-site** 形 現場での；現地での
- □ **efficiently** 副 効率的に
- □ **individual** 形 個々の
- □ **budget** 名 予算
- □ **dedication** 名 献身；専心
- □ **location** 名 場所；立地

説明文問題

Questions 92-94 ★★★

92. 正解：(B)

解説 スピーチの冒頭近くでこの女性は、I'd like to talk a little bit today about why I got into the computer programming field. と話の趣旨を説明している。ここから、自分がコンピュータ・プログラミングの仕事を始めた理由を話すことが分かる。また、スピーチの中ほどでは、This is why I encourage more women like myself to get into the profession of computer programming. In fact, that's why I'm here. として、出席している女性たちにコンピュータ・プログラミングの仕事を勧めている。(B)の「女性に特定の職業に進むのを促す」が最適である。(A)や(C)は話の一部にすぎない。

93. 正解：(D)

解説 話者は「自分がコンピュータ・プログラミング分野に進んだ理由について少し話したい」言った後で、I was inspired by a little-known historical fact about the history of the computer. と説明している。その理由はhistorical fact（歴史的事実）なので、「彼女は歴史に触発されてそれをするようになった」という(D)が正解である。

94. 正解：(B)

解説 これから話者がすることは最後に述べられている。Now, I'd like to take your inquiries. とあることから、「出席者の質問に答える」ことが分かる。(B)が正解。inquiriesとquestionsはほぼ同義。なお、このNowは「さて；ところで」という意味で、これからの自分の行動を説明する前置きのように使われる。

スクリプト Questions 92 through 94 refer to the following speech.

Hello ladies. Thank you for attending the Women's Society luncheon. (92)I'd like to talk a little bit today about why I got into the computer programming field. (93)I was inspired by a little-known historical fact about the history of the computer. Many people don't realize it but, even though the computer was first conceptualized in 1834 by a man named Charles Babbage, the very first computer program was conceived by a woman named Lady Ada Byron Lovelace. Ever since the first computer was actually used in 1945, women have been at the forefront of designing programs for them. (92)This is why I encourage more women like myself to get into the profession of computer programming. In fact, that's why I'm here. It is an extremely rewarding profession. I have enjoyed it immensely and I'm sure any of you who choose it will, too. We have the determination and the skills to do

PART IV ▶ 正解・解説

anything. Let's use them wisely in order to succeed. (94)Now, I'd like to take your inquiries.

スクリプトの訳　設問92〜94は次のスピーチに関するものです。

女性の皆さん、こんにちは。女性協会の昼食会へお越しいただきありがとうございます。(92)今日はどうして私がコンピュータ・プログラミングの分野に進んだのかを少しお話ししたいと思います。(93)私はコンピュータの歴史の中であまり知られていない歴史的事実に触発されました。多くの人は知らないと思いますが、コンピュータはチャールズ・バベッジという名の男性によって1834年に初めて概念化されましたが、最初のコンピュータ・プログラムはレディ・エイダ・バイロン・ラブレースという名の女性によって考え出されたのです。1945年に最初のコンピュータが実際に使用されて以来ずっと、女性はコンピュータのプログラム開発の最前線にいました。(92)こうした理由から、私自身のように女性にもっとコンピュータ・プログラミングの仕事に進出してほしいのです。実を言いますと、私がここにいるのはそのためです。非常にやりがいのある仕事です。私は大いにこの仕事を楽しんできましたし、この仕事を選ぶ皆さんもきっと同じだと思います。私たちはどんなことでもできる決意と技能を持ち合わせています。成功するためにこれらを賢く使いましょう。(94)それでは皆さんのご質問にお答えいたします。

設問・選択肢の訳
92. このスピーチの主な目的は何ですか。
(A) だれが最初のコンピュータ・プログラムを考案したかを人々に語ること
(B) 女性に特定の職業に進むのを促すこと
(C) 女性にあまり知られていない歴史的事実を教えること
(D) 女性のコンピュータ・プログラマーを紹介すること

93. 話者は自分の職業について何と言っていますか。
(A) 彼女はそれをするよう他の人に勧められた。
(B) 彼女はある女性にそれを試すように言われた。
(C) 彼女はその最先端にいる。
(D) 彼女は歴史に触発されてそれをするようになった。

94. 話者は次に何をするでしょうか。
(A) いくつかの質問をする
(B) 質問に答える
(C) 要望を書く
(D) 仕事について問い合わせる

説明文問題

ボキャブラリー

- **luncheon** 名 昼食会
- **inspire** 動 刺激してその気にさせる；触発する
- **historical** 形 歴史上の
- **conceptualize** 動 概念化する
- **ever since** 〜後ずっと
- **encourage ... to 〜** …を〜するよう促す
- **profession** 名 (専門的)職業
- **extremely** 副 非常に；とても
- **immensely** 副 非常に；大いに
- **skill** 名 技能；技術
- **particular** 形 特定の
- **get into** 〜に入る；〜を始める
- **realize** 動 理解する
- **conceive** 動 考え出す；思いつく
- **forefront** 名 最前線；活動の中心
- **in fact** 実は
- **rewarding** 形 報いのある
- **determination** 名 決意；決断力
- **wisely** 副 賢明に；思慮深く

模擬テスト3

PART IV ▶ 正解・解説

Questions 95-97 ★★ 英

95. 正解:(C)

解説 どの数値がどの国・地域に対応するかを区別して聞きたい。the Latin American economyについては、ニュースの中でthe Latin American economy as a whole went down by 0.8 percent this year.と述べられている。0.8パーセントの下落なので、(C)が正解。as a wholeは「全体として」の意。

96. 正解:(D)

解説 選択肢にはいずれも株価の推移の数字が並んでいるので、Stock in the company rose by two percentage points on the news.の部分を聞き取るだけでいい。「2パーセント上昇した」とする(D)が正解。なお、株価などの増減幅はbyという前置詞で表す。

97. 正解:(B)

解説 最後のPlease note that there will be no entertainment news due to special programming.に注目。「特別番組のためエンタテインメント・ニュースがなくなる」ということなので、(B)が正しい。

スクリプト Questions 95 through 97 refer to the following report.

This is Richard Nelson with your evening business news report. The economic crisis in Argentina has been draining the economies of other Latin nations as (95)<u>the Latin American economy as a whole went down by 0.8 percent this year</u>. In Argentina alone, the economy plummeted over 10 percent. Venezuela also had a falling economy as a result of the crisis in Argentina and it shrank down 8 percent. All other Latin economies fell by 4 percent. Analysts expect, however, that Argentina's economy should pick up 3 percentage points by the middle of next year and spur growth among the other Latin nations. In other business news, the number one pharmaceutical company in the world, Schafer Pharmaceuticals, announced today that they have made a breakthrough discovery in the treatment of some aggressive forms of cancer with their drug, Halopen. (96)<u>Stock in the company rose by two percentage points on the news</u>. Stay tuned for today's weather and political news after the commercial break. (97)<u>Please note that there will be no entertainment news due to special programming</u>.

説明文問題

スクリプトの訳　設問95〜97は次のリポートに関するものです。

リチャード・ネルソンが今晩のビジネスニュースをお送りします。アルゼンチンの経済危機が他のラテンアメリカ諸国の経済に悪影響を与えており、(95)今年、ラテンアメリカ経済は全体で0.8パーセント低下しています。アルゼンチンだけを見ると、経済は10パーセント以上の急減です。ベネズエラもまた、アルゼンチン危機を受けて経済が悪化しており、8パーセント縮小しました。その他の全ラテンアメリカ経済は4パーセント低下しました。しかしながら、アナリストはアルゼンチン経済が来年の中ごろまでには3パーセント上昇し、その他ラテンアメリカ諸国の成長をも促進するだろうと予想しています。その他のビジネスニュースをお伝えします。世界一の製薬会社であるシェーファー製薬が今日、同社の医薬品ハロペンによる悪性の癌の治療で画期的な発見があったことを発表しました。(96)このニュースを受けて、同社株は2パーセント上昇しました。お知らせの後は、今日のお天気と政治ニュースですので、チャンネルはそのままに。(97)特別番組のため、エンタテインメント・ニュースは割愛させていただきますので、ご了承ください。

設問・選択肢の訳　95. 話者はラテンアメリカ経済についてどう話していますか。
(A) それは10パーセント低下した。
(B) それはアルゼンチンの成長に拍車をかけている。
(C) それは0.8パーセント低下した。
(D) アルゼンチンは世界経済を疲弊させている。

96. シェーファー製薬に何が起こりましたか。
(A) その株は2パーセントに上昇した。
(B) その株は10パーセント上昇した。
(C) その株は10パーセントに上昇した。
(D) その株は2パーセント上昇した。

97. 何が中止になりましたか。
(A) 政治ニュース
(B) 娯楽ニュース
(C) 天気予報
(D) 特別番組

PART IV ▶ 正解・解説

ボキャブラリー
- crisis 名 危機；恐慌
- drain 動 消耗させる；疲れ切らせる
- as a whole 全体として；概して
- plummet 動 急に下がる
- as a result of ～の結果として；～を受けて
- shrink down 縮む；小さくなる
- pick up 上向く；よくなる
- spur 動 拍車をかける
- pharmaceutical 形 製薬の
- breakthrough 形 画期的な；革新的な
- treatment 名 治療（法）
- aggressive 形 攻撃的な；悪性の
- cancer 名 癌
- stock 名 株式
- stay tuned （テレビやラジオで）チャンネルはそのままに
- break 名 小休止；休憩
- note that ～に注意する
- due to ～のために；～の原因で

説明文問題

Questions 98-100 ★★★

98. 正解：(A)

解説 冒頭部分で話者は、I'll be the host of today's food industry entrepreneur workshop.と言っている。entrepreneurは「企業家」の意で、セミナー出席者は食品産業のビジネスを自ら始めようとする人々であると予測できる。他にもbe your own boss（自らが自分の上司になる）、start your own food industry-related business（自分の食品産業関連のビジネスを始める）などの表現が参考になる。食品産業と特定していないが、(A)の「自分の事業をどのように始めるか」が最も趣旨に合う。(B)の内容は述べられていない。(C)はトーク中のways to change your business attitudeに対応するが、あくまで食品関連の企業家になるという話の一部にすぎない。(D)のget a good job in the food industryでは会社勤めをすることになってしまう。

99. 正解：(B)

解説 showという動詞が使われたI will show you ways to change your business attitude and be your own boss.の部分に注目。ここに(B)のchange their business attitudeが盛り込まれている。

100. 正解：(B)

解説 Our seminar topics today include ...に続けて、この日のテーマが3つ述べられている。この3つはhow to develop and label food products（食品の開発とネーミング法）、how to market and price them（マーケティングと価格決定法）、how to write up a well-structured business plan（構成のしっかりした事業計画の作成法）である。3つ目が(B)と合致する。

スクリプト Questions 98 through 100 refer to the following short talk.

Hi. I'm Margaret Chan, and (98)I'll be the host of today's food industry entrepreneur workshop. Why shouldn't you get exactly what you want out of life? Your goal to become a successful entrepreneur in the food industry is just around the corner. Don't be afraid to grab it! At this seminar today, (99)I will show you ways to change your business attitude and (98)be your own boss. But first, I'll provide you with an understanding of the main points that you need to examine when thinking about doing a food industry-related business. (100)Our seminar topics today include how to develop and label food products, how to market and price them, and how to write up a well-structured business plan. We'll go over a few successful business models. During this seminar, you will gain valuable insight on the food industry that will help you get started. And you can do it! The first thing you need to do is to have complete confidence in what you're all about. I've never worked for anybody else in my life, and you don't have to either. Remember, each and every one of you is talented enough to (98)start your own food industry-related business today.

スクリプトの訳

設問98～100は次のショートトークに関するものです。

こんにちは。私はマーガレット・チャンです。(98)今日の食品産業企業家ワークショップの司会を務めさせていただきます。皆さんは人生で欲しいと思うものをどうして手に入れないのでしょうか。食品産業で成功した企業家になるという目標はすぐそこにあるのです。それをつかみ取ることを恐れてはいけません！　今日のセミナーでは、(99)皆さんのビジネスの姿勢を変え、(98)自らが自分の上司となる方法をお教えします。ですが、まず、食品産業に関連した事業を行うことを考えるに当たって、検証する必要がある要点を理解していただきたいと思います。(100)今日のセミナーのテーマは、食品の開発とネーミング、マーケティングと価格決定、統合的な事業計画作成のノウハウです。成功を収めたビジネスモデルをいくつか検討してみましょう。このセミナーの間に、皆さんは事業を始めるのに役立つ、食品産業に関する価値ある見識を身につけられるでしょう。そして、皆さんはできるのです！　最初に皆さんがしなければならないのは、自分自身のすべてに完全な自信を持つことです。私は自分の人生で人に雇われたことはありませんし、皆さんも雇われる必要などありません。覚えておいてください、皆さんはだれもが、(98)今日にも自分で食品産業関連のビジネスを始めるのに十分な才能をお持ちなのです。

設問・選択肢の訳

98. このトークの主題は何ですか。
(A) 自分の事業をどのように始めるか
(B) 現在の職業にどのように自信を持つか
(C) 物事についての考え方をどのように変えるか
(D) どのように食品産業でいい職を見つけるか

99. 話者はセミナー出席者に何を教えますか。
(A) 上司を印象づける方法
(B) 仕事への取り組み方を変える方法
(C) 食品および関連事業をどのように検証するか
(D) 投資家にどのように健全な事業計画を提供するか

100. 出席者は何をすることを学びますか。
(A) 市場で事業を買い求める方法
(B) しっかりした事業計画を作成する方法
(C) 成功する事業モデルを検討する方法
(D) よく構成された事業計画を命名する方法

説明文問題

ボキャブラリー
- host 名 司会者；司会役
- entrepreneur 名 企業家
- workshop 名 ワークショップ；セミナー；講習会
- exactly 副 正確に；まさに
- just around the corner すぐそこに；間近に
- grab 動 つかむ
- attitude 名 態度
- examine 動 調べる；検討する
- develop 動 開発する
- label 動 名前をつける
- write up 書き上げる；まとめる
- well-structured 形 よく構成された
- go over ～をよく見る；～を検討する
- gain 動 手に入れる
- valuable 形 貴重な
- insight 名 洞察（力）；深い理解
- complete 形 まったくの；完全な
- confidence 名 自信
- work for ～に勤務する
- each and every one of ～の1人ひとり
- talented 形 才能のある；有能な
- impress 動 印象づける
- sound 形 健全な

●著者紹介
Vicki Glass　ビッキー・グラス
アメリカ・カリフォルニア州バークレー出身。
ライター・編集者・ナレーターとして多彩に活動している。東進ハイスクールのチーフ・イングリッシュエディターを務めるほか、『STEP英検』(日本英語検定協会)、『英語耳＆英語舌』(学習研究社)の英文執筆・編集、NHKラジオ講座『徹底トレーニング英会話 - Let's Practice』『英会話上級』等、さまざまなCD、DVD、ラジオ・TV番組のナレーションを行う。著書に『新TOEIC® TESTスピードマスター完全模試』(Jリサーチ出版)、『新TOEIC® TEST総合スピードマスター入門編』(Jリサーチ出版、共著)、『簡単ジョークでリスニング！』(学習研究社)がある。

日本語解説執筆	三角 耕一郎
翻訳協力	鷺 真理江
カバーデザイン	滝デザイン事務所
編集協力	成重 寿
	大澤せおり

新TOEIC® TEST リスニング問題集

平成18年（2006年）8月10日	初版第1刷発行
平成23年（2011年）10月10日	第9刷発行
著　者	Vicki Glass
発行人	福田 富与
発行所	有限会社　Jリサーチ出版
	〒166-0002 東京都杉並区高円寺北 2-29-14-705
	電話 03(6808)8801（代）FAX 03(5364)5310（代）
	編集部 03(6808)8806
	http://www.jresearch.co.jp
印刷所	㈱シナノパブリッシングプレス
DTP	江口うり子（アレピエ１）

ISBN978-4-901429-38-2　禁無断転載。なお、乱丁・落丁はお取り替えいたします。

模擬テスト1

1回目の模擬テストに挑戦しましょう。
設問数は本試験と同じ100問です。
問題の音声はCD-1に収録されています。

Part I ……………2
Part II ……………7
Part III …………11
Part IV …………21

正解・解説 ▶ 本体13ページ

PART I

Directions: For each question in this part, you will hear four statements about a picture in your test book. When you hear the statements, you must select the one statement that best describes what you see in the picture. Then find the number of the question on your answer sheet and mark your answer. The statements will not be printed in your test book and will be spoken only one time.

1.

Ⓐ Ⓑ Ⓒ Ⓓ

2.

Ⓐ Ⓑ Ⓒ Ⓓ

2

写真描写問題

3.

Ⓐ Ⓑ Ⓒ Ⓓ

4.

Ⓐ Ⓑ Ⓒ Ⓓ

GO ON TO THE NEXT PAGE.

PART I

5.

Ⓐ Ⓑ Ⓒ Ⓓ

6.

Ⓐ Ⓑ Ⓒ Ⓓ

4

写真描写問題

7.

Ⓐ Ⓑ Ⓒ Ⓓ

8.

Ⓐ Ⓑ Ⓒ Ⓓ

模擬テスト 1

GO ON TO THE NEXT PAGE.

PART I

9.

Ⓐ Ⓑ Ⓒ Ⓓ

10.

Ⓐ Ⓑ Ⓒ Ⓓ

PART II : 応答問題 CD-1 ⑧

Directions: You will hear a question or statement and three responses spoken in English. They will be spoken only one time and will not be printed in your test book. Select the best response to the question or statement and mark the letter (A), (B), or (C) on your answer sheet.

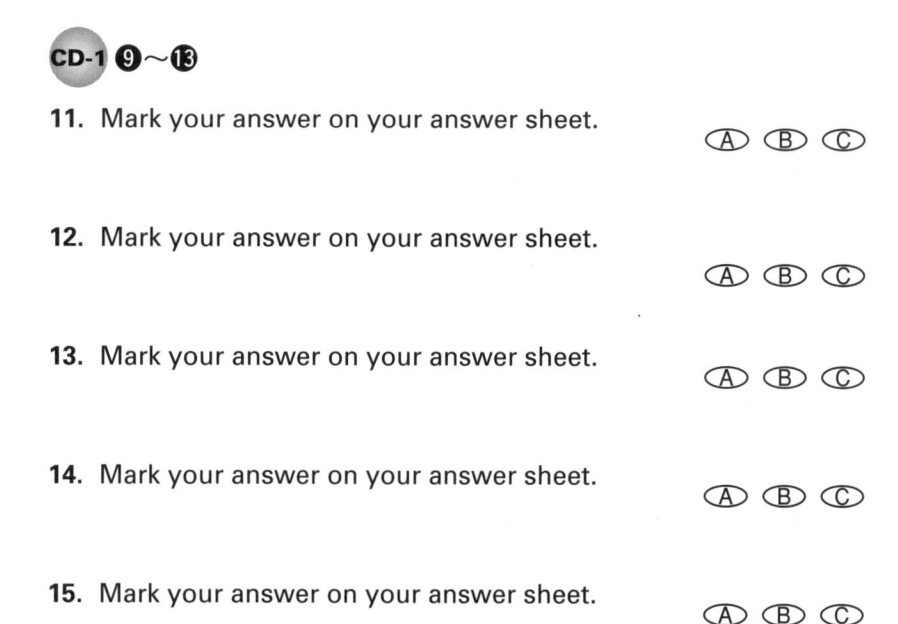

CD-1 ⑨〜⑬

11. Mark your answer on your answer sheet.   Ⓐ Ⓑ Ⓒ

12. Mark your answer on your answer sheet.   Ⓐ Ⓑ Ⓒ

13. Mark your answer on your answer sheet.   Ⓐ Ⓑ Ⓒ

14. Mark your answer on your answer sheet.   Ⓐ Ⓑ Ⓒ

15. Mark your answer on your answer sheet.   Ⓐ Ⓑ Ⓒ

GO ON TO THE NEXT PAGE.

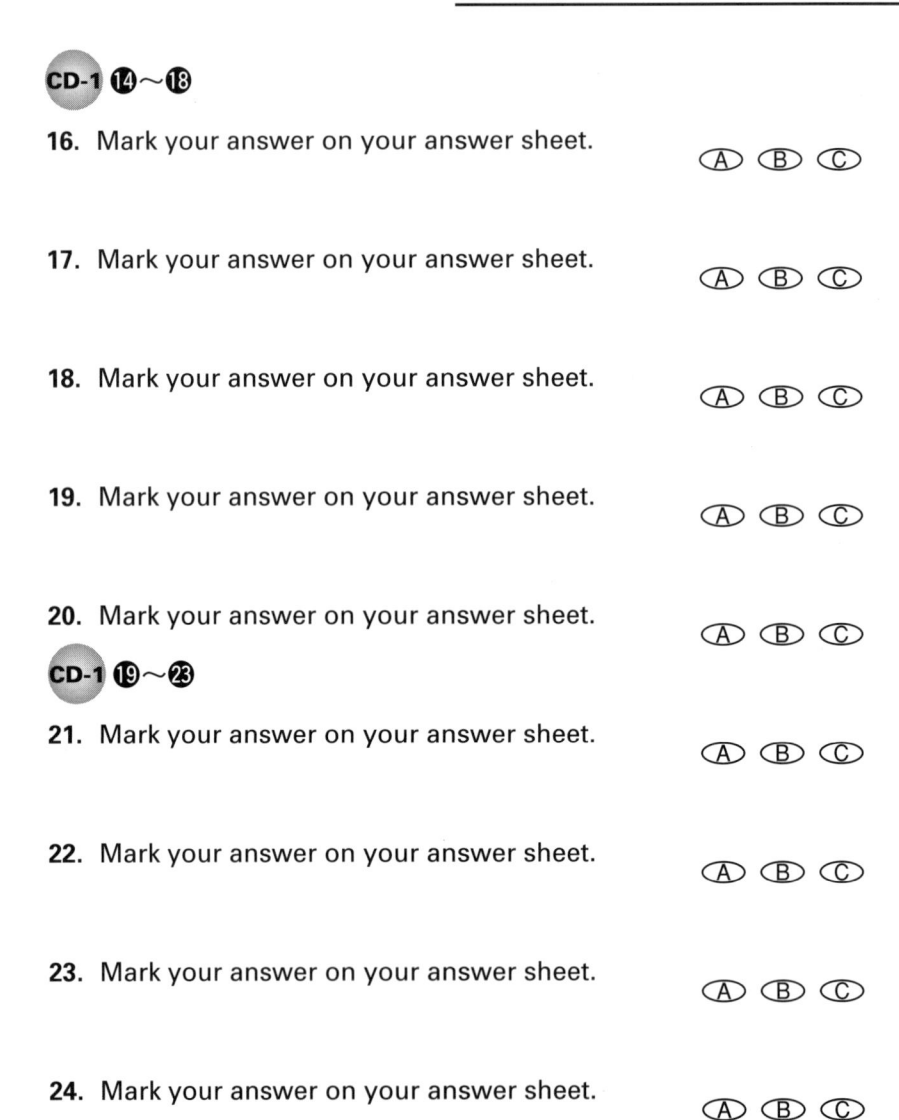

PART II

CD-1 ⑭〜⑱

16. Mark your answer on your answer sheet.   Ⓐ Ⓑ Ⓒ

17. Mark your answer on your answer sheet.   Ⓐ Ⓑ Ⓒ

18. Mark your answer on your answer sheet.   Ⓐ Ⓑ Ⓒ

19. Mark your answer on your answer sheet.   Ⓐ Ⓑ Ⓒ

20. Mark your answer on your answer sheet.   Ⓐ Ⓑ Ⓒ

CD-1 ⑲〜㉓

21. Mark your answer on your answer sheet.   Ⓐ Ⓑ Ⓒ

22. Mark your answer on your answer sheet.   Ⓐ Ⓑ Ⓒ

23. Mark your answer on your answer sheet.   Ⓐ Ⓑ Ⓒ

24. Mark your answer on your answer sheet.   Ⓐ Ⓑ Ⓒ

25. Mark your answer on your answer sheet.   Ⓐ Ⓑ Ⓒ

応答問題

CD-1 ㉔〜㉘

26. Mark your answer on your answer sheet.　Ⓐ Ⓑ Ⓒ

27. Mark your answer on your answer sheet.　Ⓐ Ⓑ Ⓒ

28. Mark your answer on your answer sheet.　Ⓐ Ⓑ Ⓒ

29. Mark your answer on your answer sheet.　Ⓐ Ⓑ Ⓒ

30. Mark your answer on your answer sheet.　Ⓐ Ⓑ Ⓒ

CD-1 ㉙〜㉝

31. Mark your answer on your answer sheet.　Ⓐ Ⓑ Ⓒ

32. Mark your answer on your answer sheet.　Ⓐ Ⓑ Ⓒ

33. Mark your answer on your answer sheet.　Ⓐ Ⓑ Ⓒ

34. Mark your answer on your answer sheet.　Ⓐ Ⓑ Ⓒ

35. Mark your answer on your answer sheet.　Ⓐ Ⓑ Ⓒ

GO ON TO THE NEXT PAGE.

PART II

CD-1 ㉞〜㊳

36. Mark your answer on your answer sheet.　　Ⓐ Ⓑ Ⓒ

37. Mark your answer on your answer sheet.　　Ⓐ Ⓑ Ⓒ

38. Mark your answer on your answer sheet.　　Ⓐ Ⓑ Ⓒ

39. Mark your answer on your answer sheet.　　Ⓐ Ⓑ Ⓒ

40. Mark your answer on your answer sheet.　　Ⓐ Ⓑ Ⓒ

PART III : 会話問題 CD-1 ㊲

Directions: You will hear some conversations between two people. You will be asked to answer three questions about what the speakers say in each conversation. Select the best response to each question and mark the letter (A), (B), (C), or (D) on your answer sheet. The conversations will be spoken only one time and will not be printed in your test book.

CD-1 ㊵

41. Why is the man telephoning the woman?
    (A) To pay a bill as soon as possible
    (B) To find out when he will receive payment
    (C) To meet the woman's accountant
    (D) To write a check to the woman's accountant

42. What is the woman's problem?
    (A) The computers in her office don't work.
    (B) She can't locate the payment slip.
    (C) She can't contact the accountant.
    (D) The accountant has been relocated.

43. What will the man do on Monday?
    (A) Help the woman move
    (B) Pay the woman's accountant
    (C) Meet the woman's accountant
    (D) Phone the woman's accountant

GO ON TO THE NEXT PAGE.

PART III

CD-1 ㊶

44. What were the man and woman able to do?
    (A) See a commission
    (B) Land a big plane
    (C) Bring in a big account
    (D) Buy a big piece of land

    Ⓐ Ⓑ Ⓒ Ⓓ

45. What can be inferred about the man?
    (A) He was late coming up with a plan.
    (B) He went out late at night to work on the plan.
    (C) He didn't sleep much when he was working on a plan.
    (D) He was with the client most nights until very late.

    Ⓐ Ⓑ Ⓒ Ⓓ

46. What will happen at the end of the month?
    (A) They will visit the town commissioner.
    (B) They will go on a difficult mission.
    (C) They will have to start another difficult job.
    (D) They will get paid for getting the account.

    Ⓐ Ⓑ Ⓒ Ⓓ

会話問題

47. How many times was the printer out of ink this week?
   (A) Once
   (B) Twice
   (C) Three times
   (D) Four times

Ⓐ Ⓑ Ⓒ Ⓓ

48. What does the man want to do?
   (A) Buy another low quality printer
   (B) Ask for more money for a printer
   (C) Cut down on expenses
   (D) Hold a new budget meeting

Ⓐ Ⓑ Ⓒ Ⓓ

49. What does the woman think will be difficult?
   (A) Cutting down on expenses
   (B) Getting more money
   (C) Deciding what the budget will be
   (D) Buying low quality printers

Ⓐ Ⓑ Ⓒ Ⓓ

GO ON TO THE NEXT PAGE

PART III

CD-1 ㊸

50. When were the reports originally due?
    (A) Today
    (B) In a week
    (C) Tomorrow
    (D) In two weeks

    Ⓐ Ⓑ Ⓒ Ⓓ

51. Why did the boss add an extra week to the deadline?
    (A) He's quitting the company.
    (B) He's going out of town.
    (C) He's working on the reports himself.
    (D) He's throwing the project away.

    Ⓐ Ⓑ Ⓒ Ⓓ

52. What does the manager want to do?
    (A) Collect the reports today
    (B) Get the reports before he goes away
    (C) Give the reports to the CEO
    (D) Receive the reports from the CEO

    Ⓐ Ⓑ Ⓒ Ⓓ

会話問題

CD-1 ㊹

53. What are the speakers discussing?
    (A) What to do as a result of high gas prices
    (B) How to save money for gas
    (C) Directions to the store and work
    (D) Gas prices for different types of transportation

    Ⓐ Ⓑ Ⓒ Ⓓ

54. What is the woman's problem?
    (A) She has to ride her bike to work.
    (B) She can't take a bus to work.
    (C) She lives too far away from work.
    (D) She needs the car to drive to the store.

    Ⓐ Ⓑ Ⓒ Ⓓ

55. Why will the man start getting up earlier in the morning?
    (A) To get to work at an earlier time
    (B) To get a ride with the woman
    (C) To read the paper and check gas prices
    (D) To make sure he can catch a bus

    Ⓐ Ⓑ Ⓒ Ⓓ

GO ON TO THE NEXT PAGE.

PART III

CD-1 45

56. What is the man's problem?
    (A) He lost an important document.
    (B) His computer system crashed.
    (C) He doesn't know Jeff.
    (D) He lost his job as an engineer.

    Ⓐ Ⓑ Ⓒ Ⓓ

57. What happened to the woman last month?
    (A) She helped Jeff with his job.
    (B) She recovered some data.
    (C) Her computer system crashed.
    (D) She lost a document.

    Ⓐ Ⓑ Ⓒ Ⓓ

58. What will the woman do?
    (A) Give the man her computer
    (B) Help the man recover the data
    (C) Go and find help for the man
    (D) Call Jeff right away

    Ⓐ Ⓑ Ⓒ Ⓓ

会話問題

CD-1 46

59. What does the woman want to do?
(A) Convince people to invest in a project
(B) Convince the man to make a presentation
(C) Convince the manager to start the project
(D) Convince people to attend a presentation

Ⓐ Ⓑ Ⓒ Ⓓ

60. What did the man think about the investors?
(A) They want to invest in the project.
(B) They will give the woman a hand.
(C) They weren't interested in the project.
(D) They can't attend the presentation.

Ⓐ Ⓑ Ⓒ Ⓓ

61. What does the woman say about the investors?
(A) They have no time to be interested in the project.
(B) They are not interested in the project at all.
(C) They are interested in the project for now.
(D) They may be interested in the project soon.

Ⓐ Ⓑ Ⓒ Ⓓ

GO ON TO THE NEXT PAGE

PART III

62. Why is the man looking for David?
   (A) He forgot that he wants to meet with David.
   (B) He needs David to schedule a meeting for him.
   (C) He has a meeting scheduled with David.
   (D) He wants to go fishing with David.

63. What does the man say about David?
   (A) He shouldn't take time off.
   (B) He must meet him soon.
   (C) He watches the clock.
   (D) He works all the time.

64. What does the woman think the man should do?
   (A) Work fewer hours
   (B) Reschedule the meeting
   (C) Take a vacation
   (D) Call David right away

会話問題

CD-1 ㊽

65. Why can't the man answer the woman's question?
    (A) He is hiding from her.
    (B) He is not from the area.
    (C) He didn't hear what she said.
    (D) He doesn't understand what she is asking.

    Ⓐ Ⓑ Ⓒ Ⓓ

66. What did the man give the woman?
    (A) A map
    (B) A ride
    (C) Bus fare
    (D) Directions

    Ⓐ Ⓑ Ⓒ Ⓓ

67. What will the woman do next?
    (A) Get some gas at the station
    (B) Take a train at the station
    (C) Walk in the opposite direction
    (D) Walk straight ahead and turn right

    Ⓐ Ⓑ Ⓒ Ⓓ

GO ON TO THE NEXT PAGE.

PART III

CD-1 ㊾

68. What is the man's problem?
    (A) He received an item he didn't order.
    (B) He didn't receive an item he ordered.
    (C) He wasn't charged for an item he ordered.
    (D) He was charged for an item he didn't order.

    Ⓐ Ⓑ Ⓒ Ⓓ

69. What does the woman ask the man to do?
    (A) Send back the items
    (B) Give her his phone number
    (C) Give her the number of the bill
    (D) Send her a refund

    Ⓐ Ⓑ Ⓒ Ⓓ

70. What will the woman do next?
    (A) Tell the man her invoice number
    (B) Check it on her computer
    (C) Send the man a new invoice
    (D) Call the credit card company

    Ⓐ Ⓑ Ⓒ Ⓓ

PART IV : 説明文問題 CD-1 ⑤⓪

Directions: You will hear some short talks given by a single speaker. You will be asked to answer three questions about what the speaker says in each short talk. Select the best response to each question and mark the letter (A), (B), (C), or (D) on your answer sheet. The talks will be spoken only one time and will not be printed in your test book.

CD-1 ⑤①

71. Where is this announcement being made?
    (A) At a bus station
    (B) In a train
    (C) At an airport
    (D) In an airplane

72. What does the speaker say about the baggage claim areas?
    (A) Not to pick up suspicious bags there.
    (B) Inspectors with dogs will be there.
    (C) Bags found there must be reported to personnel.
    (D) Bags must be picked up one hour early there.

73. What might happen as a result of increased security?
    (A) Bag inspections might be delayed.
    (B) Pick up of bags will be delayed.
    (C) Flights might be delayed.
    (D) Parking might be delayed.

GO ON TO THE NEXT PAGE.

模擬テスト 1

PART IV

CD-1 52

74. What is the main topic of this speech?
    (A) The benefits of a higher salary
    (B) The benefits of leisure time and better health
    (C) The benefits of tax breaks on education expenses
    (D) The benefits of pursuing an education

    Ⓐ Ⓑ Ⓒ Ⓓ

75. According to the speaker, what is one thing students can do?
    (A) Have better health while attending school
    (B) Have an income while getting an education
    (C) Deduct education-related expenses from their income
    (D) Claim tax deductions on their student loan payments

    Ⓐ Ⓑ Ⓒ Ⓓ

76. What can be implied about the speaker?
    (A) He is an author.
    (B) He is a tax accountant.
    (C) He is a financial director.
    (D) He is a doctor.

    Ⓐ Ⓑ Ⓒ Ⓓ

説明文問題

CD-1 53

77. What does the museum have on display?
    (A) Dinosaur paintings
    (B) Rare dinosaur specimens
    (C) Asteroids
    (D) Asteroid craters

    Ⓐ Ⓑ Ⓒ Ⓓ

78. What will be shown on the videos?
    (A) The museum tour
    (B) Displays of dinosaur remains
    (C) The excavation of the fossils
    (D) The archeologists' families

    Ⓐ Ⓑ Ⓒ Ⓓ

79. Where will the videos be shown?
    (A) On the second floor in front of the displays
    (B) On the first floor behind the displays
    (C) On the third floor next to the restrooms
    (D) On the first floor on the bottom of each display

    Ⓐ Ⓑ Ⓒ Ⓓ

GO ON TO THE NEXT PAGE.

PART IV

CD-1 54

80. What doesn't the average parent know?
    (A) How to stay calm and talk to an operator
    (B) How to breathe properly
    (C) How to call 911 and ask for help
    (D) What to do if his or her child has a serious injury

    Ⓐ Ⓑ Ⓒ Ⓓ

81. Who should a parent call for advice?
    (A) 911
    (B) A hospital worker
    (C) A healthcare provider
    (D) A CPR professional

    Ⓐ Ⓑ Ⓒ Ⓓ

82. What do many cities offer?
    (A) Lifesaving courses for a fee
    (B) Free healthcare
    (C) CPR courses for free
    (D) Emergency services for free

    Ⓐ Ⓑ Ⓒ Ⓓ

説明文問題

CD-1 55

83. What is one feature of Primo's café?
    (A) There is a convenience store nearby.
    (B) The food is inexpensive.
    (C) It's a spacious place.
    (D) They also serve French food.

84. When is Primo's open?
    (A) Every day of the week
    (B) Seven hours a day
    (C) Five days a week
    (D) From 7:00 every morning

85. What does Primo's offer on Wednesdays?
    (A) An all-you-can-eat buffet all day
    (B) Vegetarian food for $12.00
    (C) Discounts on pasta and salad lunches
    (D) An all-you-can-eat buffet for lunch

GO ON TO THE NEXT PAGE.

PART IV

CD-1 56

86. Where will the storm be more severe?
    (A) In the inland areas
    (B) On the east coast
    (C) In the downtown area
    (D) On the west coast

    Ⓐ Ⓑ Ⓒ Ⓓ

87. What are people in the inland areas advised to do?
    (A) Evacuate their homes
    (B) Call for information about evacuation facilities
    (C) Drive faster than the speed limit
    (D) Drive carefully and slower than the speed limit

    Ⓐ Ⓑ Ⓒ Ⓓ

88. What will happen to the weather at the beginning of next week?
    (A) It will begin to snow.
    (B) There will be high winds and heavy rain.
    (C) It will continue to rain.
    (D) It will be nicer and temperatures will rise.

    Ⓐ Ⓑ Ⓒ Ⓓ

説明文問題

CD-1 57

89. Why is the woman calling Jason?
    (A) To tell him that she'll visit him
    (B) To remind him to set his clock
    (C) To find out if he's going to school
    (D) To bring him something from home

90. What is the woman worried about?
    (A) That Jason will not hear her message
    (B) That Jason will be left stranded at the airport for hours
    (C) That Jason will leave her alone
    (D) That Jason will forget to call her back

91. What can be implied about the man?
    (A) He never goes to school.
    (B) He lives far away from the woman.
    (C) He needs many things from the woman.
    (D) He never remembers to set his clock.

PART IV

CD-1 58

92. What is special about the Delta's Showroom?
    (A) It sells the latest minivans.
    (B) It has the largest number of sports cars.
    (C) It is the first to feature the Harlan Sedan.
    (D) It sells only Harlan Sedans on its lot.

    Ⓐ Ⓑ Ⓒ Ⓓ

93. What can be inferred about the Harlan Sedan?
    (A) It is a small sports car.
    (B) It is just like a family minivan.
    (C) It looks like a family car.
    (D) It is sporty and inexpensive.

    Ⓐ Ⓑ Ⓒ Ⓓ

94. What has been discounted by 30 percent at Delta's?
    (A) All of the minivans
    (B) All cars on the lot
    (C) The Harlan Sedan
    (D) Some of the minivans

    Ⓐ Ⓑ Ⓒ Ⓓ

説明文問題

CD-1 59

95. What did AirTech Corp. announce?
    (A) It will cancel all domestic flights.
    (B) It is backing out of a $25 billion deal.
    (C) It will buy 12 aircraft from Kern.
    (D) It will claim bankruptcy.

    Ⓐ Ⓑ Ⓒ Ⓓ

96. What did AirTech originally plan to do?
    (A) Add international flights
    (B) Sell 12 new aircraft
    (C) Claim bankruptcy
    (D) Use its current fleet of planes

    Ⓐ Ⓑ Ⓒ Ⓓ

97. Why didn't AirTech go through with the deal?
    (A) The company decided to only offer domestic flights.
    (B) The company wanted to use its current fleet of planes instead.
    (C) The company thought the deal was way too expensive.
    (D) The company couldn't agree with the terms of the contract.

    Ⓐ Ⓑ Ⓒ Ⓓ

GO ON TO THE NEXT PAGE

PART IV

CD-1 ⑥⓪

98. Why is the man making this speech?
    (A) He's moving to a new home.
    (B) He's leaving the company.
    (C) He's closing down the company.
    (D) He's going back to school.

    Ⓐ Ⓑ Ⓒ Ⓓ

99. How long has the man been with the company?
    (A) Ten years
    (B) Two months
    (C) Ten weeks
    (D) Two years

    Ⓐ Ⓑ Ⓒ Ⓓ

100. What is a requirement of the man's new job?
    (A) He will have to keep in touch with the CEO.
    (B) He will have to live across town.
    (C) He will have to live in another state.
    (D) He will have to look up visitors to the area.

    Ⓐ Ⓑ Ⓒ Ⓓ

模擬テスト 2

2回目の模擬テストに挑戦しましょう。
設問数は本試験と同じ100問です。
問題の音声はCD-1とCD-2に収録されています。

Part I ……………32
Part II …………37
Part III …………41
Part IV…………51

正解・解説 ▶ 本体77ページ

PART I

Directions: For each question in this part, you will hear four statements about a picture in your test book. When you hear the statements, you must select the one statement that best describes what you see in the picture. Then find the number of the question on your answer sheet and mark your answer. The statements will not be printed in your test book and will be spoken only one time.

1.

Ⓐ Ⓑ Ⓒ Ⓓ

2.

Ⓐ Ⓑ Ⓒ Ⓓ

32

写真描写問題

3.

CD-1 ⑥

Ⓐ Ⓑ Ⓒ Ⓓ

4.

Ⓐ Ⓑ Ⓒ Ⓓ

模擬テスト **2**

GO ON TO THE NEXT PAGE.

PART I

5.

CD-1 64

Ⓐ Ⓑ Ⓒ Ⓓ

6.

Ⓐ Ⓑ Ⓒ Ⓓ

34

写真描写問題

7.

Ⓐ Ⓑ Ⓒ Ⓓ

8.

Ⓐ Ⓑ Ⓒ Ⓓ

GO ON TO THE NEXT PAGE.

PART I

9.

Ⓐ Ⓑ Ⓒ Ⓓ

10.

Ⓐ Ⓑ Ⓒ Ⓓ

PART II : 応答問題 CD-1 ㊻

Directions: You will hear a question or statement and three responses spoken in English. They will be spoken only one time and will not be printed in your test book. Select the best response to the question or statement and mark the letter (A), (B), or (C) on your answer sheet.

CD-1 ㊻〜㊻

11. Mark your answer on your answer sheet.   Ⓐ Ⓑ Ⓒ

12. Mark your answer on your answer sheet.   Ⓐ Ⓑ Ⓒ

13. Mark your answer on your answer sheet.   Ⓐ Ⓑ Ⓒ

14. Mark your answer on your answer sheet.   Ⓐ Ⓑ Ⓒ

15. Mark your answer on your answer sheet.   Ⓐ Ⓑ Ⓒ

模擬テスト 2

GO ON TO THE NEXT PAGE

PART II

CD-1 (73)～(77)

16. Mark your answer on your answer sheet. Ⓐ Ⓑ Ⓒ

17. Mark your answer on your answer sheet. Ⓐ Ⓑ Ⓒ

18. Mark your answer on your answer sheet. Ⓐ Ⓑ Ⓒ

19. Mark your answer on your answer sheet. Ⓐ Ⓑ Ⓒ

20. Mark your answer on your answer sheet. Ⓐ Ⓑ Ⓒ

CD-1 (78)～(82)

21. Mark your answer on your answer sheet. Ⓐ Ⓑ Ⓒ

22. Mark your answer on your answer sheet. Ⓐ Ⓑ Ⓒ

23. Mark your answer on your answer sheet. Ⓐ Ⓑ Ⓒ

24. Mark your answer on your answer sheet. Ⓐ Ⓑ Ⓒ

25. Mark your answer on your answer sheet. Ⓐ Ⓑ Ⓒ

応答問題

CD-1 ⑧～⑧⑦

26. Mark your answer on your answer sheet.　Ⓐ Ⓑ Ⓒ

27. Mark your answer on your answer sheet.　Ⓐ Ⓑ Ⓒ

28. Mark your answer on your answer sheet.　Ⓐ Ⓑ Ⓒ

29. Mark your answer on your answer sheet.　Ⓐ Ⓑ Ⓒ

30. Mark your answer on your answer sheet.　Ⓐ Ⓑ Ⓒ

CD-1 ⑧⑧～⑨②

31. Mark your answer on your answer sheet.　Ⓐ Ⓑ Ⓒ

32. Mark your answer on your answer sheet.　Ⓐ Ⓑ Ⓒ

33. Mark your answer on your answer sheet.　Ⓐ Ⓑ Ⓒ

34. Mark your answer on your answer sheet.　Ⓐ Ⓑ Ⓒ

35. Mark your answer on your answer sheet.　Ⓐ Ⓑ Ⓒ

模擬テスト **2**

GO ON TO THE NEXT PAGE.

PART II

CD-1 93~97

36. Mark your answer on your answer sheet.   Ⓐ Ⓑ Ⓒ

37. Mark your answer on your answer sheet.   Ⓐ Ⓑ Ⓒ

38. Mark your answer on your answer sheet.   Ⓐ Ⓑ Ⓒ

39. Mark your answer on your answer sheet.   Ⓐ Ⓑ Ⓒ

40. Mark your answer on your answer sheet.   Ⓐ Ⓑ Ⓒ

PART III：会話問題 CD-2 ①

Directions: You will hear some conversations between two people. You will be asked to answer three questions about what the speakers say in each conversation. Select the best response to each question and mark the letter (A), (B), (C), or (D) on your answer sheet. The conversations will be spoken only one time and will not be printed in your test book.

CD-2 ②

41. What are the speakers discussing?
    (A) Employees who are getting fired
    (B) A fire in the company
    (C) The manager's new haircut
    (D) A reduction in their salaries

    Ⓐ Ⓑ Ⓒ Ⓓ

42. What did the man do this morning?
    (A) He cut some paper.
    (B) He met with the HR manager.
    (C) He started a rumor.
    (D) He asked for a raise.

    Ⓐ Ⓑ Ⓒ Ⓓ

43. What is happening to the company?
    (A) It is losing money.
    (B) It is making money.
    (C) It is relocating.
    (D) It is losing employees.

    Ⓐ Ⓑ Ⓒ Ⓓ

GO ON TO THE NEXT PAGE.

PART III

CD-2 ❸

44. What does the man want the manager to do?
    (A) Give him more work
    (B) Let him take a break
    (C) Supplement his income
    (D) Allow him to change his schedule

    Ⓐ Ⓑ Ⓒ Ⓓ

45. Why is the woman worried?
    (A) She thinks the man will get fired for taking a break.
    (B) She thinks the man is too tired and needs to rest.
    (C) She thinks the man won't have enough money to live.
    (D) She thinks the manager won't approve of his actions.

    Ⓐ Ⓑ Ⓒ Ⓓ

46. What can be inferred about the man?
    (A) He wants to find other sources of income.
    (B) He wants to take a vacation.
    (C) He wants to work less and relax more.
    (D) He wants to take a morning coffee break.

    Ⓐ Ⓑ Ⓒ Ⓓ

会話問題

CD-2 ④

47. What are the speakers discussing?
   (A) The man's new financial officer
   (B) The man's new job
   (C) The man's news position
   (D) The woman's vacation

Ⓐ Ⓑ Ⓒ Ⓓ

48. What does the woman think about Bill?
   (A) He will be sorry to see the woman leave.
   (B) He won't be able to find a new pair of shoes.
   (C) He is a hard-working employee.
   (D) The boss will be upset with him.

Ⓐ Ⓑ Ⓒ Ⓓ

49. What does the woman say will be difficult?
   (A) Filling out a form for the boss
   (B) Finding someone who can buy Bill's shoes
   (C) Filling out an order for new shoes
   (D) Finding a replacement for Bill

Ⓐ Ⓑ Ⓒ Ⓓ

GO ON TO THE NEXT PAGE.

PART III

CD-2 ⑤

50. What does the woman want to know?
    - (A) If there's a package on her desk
    - (B) If the man's package arrived
    - (C) If her package arrived
    - (D) If there's a package in her desk

    Ⓐ Ⓑ Ⓒ Ⓓ

51. What is on the woman's desk?
    - (A) A package
    - (B) Some papers
    - (C) Some books
    - (D) Nothing at all

    Ⓐ Ⓑ Ⓒ Ⓓ

52. Where did the man put the package?
    - (A) On the woman's desk
    - (B) Next to some books
    - (C) On top of some papers
    - (D) In the woman's desk

    Ⓐ Ⓑ Ⓒ Ⓓ

会話問題

CD-2 ❻

53. Why must everyone attend the meeting?
   (A) The manager will talk about the company's finances.
   (B) The manager will talk about meeting new clients.
   (C) The manager will talk about changes in the economy.
   (D) The manager will talk about an announcement.

   Ⓐ Ⓑ Ⓒ Ⓓ

54. What does the woman say about the meeting?
   (A) She is supposed to attend it.
   (B) She will meet a client at it.
   (C) She thought it was at a different time.
   (D) She needs to reschedule it.

   Ⓐ Ⓑ Ⓒ Ⓓ

55. What time is the meeting?
   (A) At 2:00
   (B) At 12:00
   (C) At 5:00
   (D) At 3:00

   Ⓐ Ⓑ Ⓒ Ⓓ

GO ON TO THE NEXT PAGE.

PART III

CD-2 ❼

56. What would the client like Jack to do?
    (A) Call him back
    (B) Call him back at a particular time
    (C) Come to his office
    (D) Come back home

    Ⓐ Ⓑ Ⓒ Ⓓ

57. What will the woman do?
    (A) Attend a seminar
    (B) Phone the man at 7:00
    (C) Call the client back
    (D) Leave in a few minutes

    Ⓐ Ⓑ Ⓒ Ⓓ

58. What time will the seminar finish?
    (A) In a few minutes
    (B) At 5:00
    (C) At 7:00
    (D) At 6:15

    Ⓐ Ⓑ Ⓒ Ⓓ

CD-2 ❽

59. What is the woman's problem?
    (A) She can't find her report.
    (B) She doesn't own a laptop.
    (C) The man doesn't have a computer.
    (D) Her computer doesn't work.

    Ⓐ Ⓑ Ⓒ Ⓓ

60. When does the woman need to return the man's computer?
    (A) At 3 p.m.
    (B) By noon
    (C) In an hour or so
    (D) Immediately

    Ⓐ Ⓑ Ⓒ Ⓓ

61. What will the man do today?
    (A) Buy some presents
    (B) Introduce new products
    (C) Borrow a laptop computer
    (D) Finish a report

    Ⓐ Ⓑ Ⓒ Ⓓ

GO ON TO THE NEXT PAGE.

PART III

CD-2 **9**

62. What would the woman like to know?
    (A) How many consultants the firm has
    (B) If the firm holds seminars
    (C) What services the firm has
    (D) If the firm offers discounts

    Ⓐ Ⓑ Ⓒ Ⓓ

63. Who does Seacrest Consultant Service help?
    (A) Corporations with many employees
    (B) Companies that have business plans
    (C) CEOs of large firms
    (D) People who own small businesses

    Ⓐ Ⓑ Ⓒ Ⓓ

64. What will the woman do tomorrow?
    (A) Look for a new business
    (B) Call the consulting service
    (C) Open her business
    (D) Meet with the man

    Ⓐ Ⓑ Ⓒ Ⓓ

会話問題

CD-2 ⑩

65. What are the speakers discussing?
   (A) A product that sells 1,000 units a week
   (B) A holdup at a bank
   (C) A manufacturer that didn't get an order
   (D) A product that's out of stock

   Ⓐ Ⓑ Ⓒ Ⓓ

66. What does the man imply?
   (A) The manufacturer is always late with orders.
   (B) The manufacturer usually sends orders on time.
   (C) The manufacturer is too busy to send the order.
   (D) The manufacturer forgot to send the order.

   Ⓐ Ⓑ Ⓒ Ⓓ

67. What will the woman do next?
   (A) Order more new products
   (B) Phone the manufacturer
   (C) Sell the rest of the stock
   (D) Find another product

   Ⓐ Ⓑ Ⓒ Ⓓ

GO ON TO THE NEXT PAGE

PART III

CD-2 ⑪

68. What can be inferred about the man?
    (A) He doesn't want to experience turbulence during the flight.
    (B) He wants to leave his seat during the flight.
    (C) He wants to move around the cabin immediately.
    (D) He wants the Captain to make an announcement soon.

    Ⓐ Ⓑ Ⓒ Ⓓ

69. What will the Captain most likely do?
    (A) Talk with the man about turbulence
    (B) Tell people to move around the cabin
    (C) Make an announcement
    (D) Leave on the "fasten seatbelts" sign

    Ⓐ Ⓑ Ⓒ Ⓓ

70. What is the man concerned about?
    (A) Turbulence
    (B) The cabin moving around
    (C) His legs cramping
    (D) Standing during the flight

    Ⓐ Ⓑ Ⓒ Ⓓ

PART IV : 説明文問題 CD-2 ⑫

Directions: You will hear some short talks given by a single speaker. You will be asked to answer three questions about what the speaker says in each short talk. Select the best response to each question and mark the letter (A), (B), (C), or (D) on your answer sheet. The talks will be spoken only one time and will not be printed in your test book.

CD-2 ⑬

71. Where is this talk taking place?
    (A) In a restaurant
    (B) In a convenience store
    (C) In a supermarket
    (D) In a factory

    Ⓐ Ⓑ Ⓒ Ⓓ

72. What does the group look at first?
    (A) Stainless steel tanks on the right
    (B) Stainless steel tanks on the left
    (C) Refrigeration systems on the right
    (D) Refrigeration systems on the left

    Ⓐ Ⓑ Ⓒ Ⓓ

73. What happens in the room in the back?
    (A) The drinks are packaged.
    (B) Sweeteners and flavorings are added.
    (C) Bottles and cans are filled.
    (D) The level of carbonation is controlled.

    Ⓐ Ⓑ Ⓒ Ⓓ

GO ON TO THE NEXT PAGE.

PART IV

CD-2 ⑭

74. What is the main purpose of this announcement?
    (A) To explain about a car race
    (B) To give awards to the top three winners of a race
    (C) To introduce a running race
    (D) To inform people of their numbers for a race

    Ⓐ Ⓑ Ⓒ Ⓓ

75. What does the speaker say about those who participate in the race?
    (A) They will get cash prizes.
    (B) They will get a certificate if they finish it.
    (C) They will be allowed to run without a number.
    (D) They must finish it by 3:00.

    Ⓐ Ⓑ Ⓒ Ⓓ

76. When does the race begin?
    (A) At 3:00
    (B) In 15 minutes
    (C) In 5 minutes
    (D) In 30 minutes

    Ⓐ Ⓑ Ⓒ Ⓓ

説明文問題

CD-2 ⑮

77. Why will the maintenance crew come to the apartment building?
    (A) To replace the air conditioning units
    (B) To take out all the air conditioning units
    (C) To clean out the air conditioning units
    (D) To install new air conditioning units

    Ⓐ Ⓑ Ⓒ Ⓓ

78. Which apartments have air conditioners that need to be repaired?
    (A) 102 and 308
    (B) 308 and 202
    (C) 102 and 306
    (D) 202 and 306

    Ⓐ Ⓑ Ⓒ Ⓓ

79. When can a plumber visit the apartment building?
    (A) Thursday the 25th
    (B) Friday the 26th
    (C) Tomorrow
    (D) Saturday the 27th

    Ⓐ Ⓑ Ⓒ Ⓓ

GO ON TO THE NEXT PAGE.

PART IV

CD-2 ⓰

80. When did Mr. Forsythe start his search engine business?
    (A) Ten hours ago
    (B) Ten months ago
    (C) Ten weeks ago
    (D) Ten years ago

    Ⓐ Ⓑ Ⓒ Ⓓ

81. What kind of business does Claire Hanes have?
    (A) A friend site
    (B) A chat site
    (C) An auction site
    (D) A search engine business

    Ⓐ Ⓑ Ⓒ Ⓓ

82. What did Claire Hanes do?
    (A) She copied Mr. Forsythe's business pattern.
    (B) She followed Mr. Forsythe to work.
    (C) She started working for Mr. Forsythe.
    (D) She became a model for Mr. Forsythe.

    Ⓐ Ⓑ Ⓒ Ⓓ

説明文問題

CD-2 ⑰

83. Where is this announcement being made?
    (A) At an airport
    (B) At a DVD rental shop
    (C) At a concert
    (D) At a clothing store

    Ⓐ Ⓑ Ⓒ Ⓓ

84. What will go to the Aid for the Globe organization?
    (A) Shelter, food and clean water
    (B) Proceeds from CD sales
    (C) T-shirts and other clothing items
    (D) Money from DVD sales

    Ⓐ Ⓑ Ⓒ Ⓓ

85. What does the East Wing have?
    (A) DVDs for sale
    (B) Buttons, books and magazines
    (C) T-shirts and clothing items
    (D) NPO booths

    Ⓐ Ⓑ Ⓒ Ⓓ

GO ON TO THE NEXT PAGE.

PART IV

CD-2 ⑱

86. What is the main purpose of this talk?
    (A) To introduce the special meat dishes at a restaurant
    (B) To introduce special facilities at a restaurant
    (C) To introduce the main meals at a restaurant
    (D) To introduce all the meals on the menu at a restaurant
    Ⓐ Ⓑ Ⓒ Ⓓ

87. What does the fish entrée come with?
    (A) Soup or salad
    (B) Soup and salad
    (C) Bread and salad
    (D) Bread or salad
    Ⓐ Ⓑ Ⓒ Ⓓ

88. What is the soup of the day?
    (A) Vegetable
    (B) Mahi Mahi
    (C) Tomato
    (D) Sirloin
    Ⓐ Ⓑ Ⓒ Ⓓ

説明文問題

CD-2 ⑲

89. Why is the far left lane of Highway 12 closed down?
    (A) There's a stalled vehicle in the left lane.
    (B) There was heavy traffic.
    (C) There was an accident involving a truck.
    (D) Gateway Bridge is closed.

    Ⓐ Ⓑ Ⓒ Ⓓ

90. When will the left lane open up again?
    (A) In a few days
    (B) In an hour
    (C) In a week
    (D) Immediately

    Ⓐ Ⓑ Ⓒ Ⓓ

91. What has happened due to bridge maintenance operations?
    (A) The right lane of Gateway Bridge has closed.
    (B) Gateway Bridge has closed for a week.
    (C) Gateway Bridge will be replaced.
    (D) Traffic is backed up for one mile.

    Ⓐ Ⓑ Ⓒ Ⓓ

模擬テスト **2**

GO ON TO THE NEXT PAGE.

PART IV

CD-2 ⑳

92. Which gate is boarding now?
    (A) Gate 22
    (B) Gate 29
    (C) Gate 26
    (D) Gate 25

    Ⓐ Ⓑ Ⓒ Ⓓ

93. What must passengers with oversized carry-on baggage do?
    (A) Speak to an attendant after boarding
    (B) Have their boarding passes ready
    (C) Begin boarding immediately
    (D) Speak to an attendant now

    Ⓐ Ⓑ Ⓒ Ⓓ

94. What can be inferred about the flight?
    (A) It will leave within half an hour.
    (B) It will be 25 minutes late.
    (C) It will depart earlier than expected.
    (D) It will depart from Los Angeles.

    Ⓐ Ⓑ Ⓒ Ⓓ

説明文問題

CD-2 ㉑

95. Where is this announcement being made?
    (A) In a café
    (B) At a bakery
    (C) In a vegetable market
    (D) In a grocery store

    Ⓐ Ⓑ Ⓒ Ⓓ

96. What has been marked down by 30 percent?
    (A) Carrots, lettuce and broccoli
    (B) Ground beef and sirloin steaks
    (C) Apples and oranges
    (D) Bread and baked goods

    Ⓐ Ⓑ Ⓒ Ⓓ

97. What is happening at Monroe's the next day?
    (A) They are having a sale on cereal and snack items.
    (B) They are having a sale on beef and vegetables.
    (C) They are having a sale on apples and oranges.
    (D) They are having a sale on bread and baked goods.

    Ⓐ Ⓑ Ⓒ Ⓓ

模擬テスト 2

GO ON TO THE NEXT PAGE

PART IV

CD-2 ㉒

98. Why does the speaker think he should be the next club leader?
    (A) He goes to the club every day.
    (B) He has been with the organization longer.
    (C) He can give the club more of his own funds.
    (D) He has made a successful record.

99. What would he like his opponent to do?
    (A) Balance the budgets
    (B) Stay at the club longer
    (C) Participate in a debate
    (D) Promote the club's causes

100. What does he promise to do if chosen?
    (A) Play more team sports
    (B) Fulfill his duties to the best of his abilities
    (C) Try and get more money for the club's members
    (D) Let the club members make their own decisions

模擬テスト3

3回目の模擬テストに挑戦しましょう。
設問数は本試験と同じ100問です。
問題の音声はCD-2に収録されています。

Part I ……………… **62**
Part II …………… **67**
Part III ………… **71**
Part IV ………… **81**

正解・解説 ▶ 本体141ページ

PART I

Directions: For each question in this part, you will hear four statements about a picture in your test book. When you hear the statements, you must select the one statement that best describes what you see in the picture. Then find the number of the question on your answer sheet and mark your answer. The statements will not be printed in your test book and will be spoken only one time.

1.

Ⓐ Ⓑ Ⓒ Ⓓ

2.

Ⓐ Ⓑ Ⓒ Ⓓ

62

写真描写問題

3.

CD-2 ㉕

Ⓐ Ⓑ Ⓒ Ⓓ

4.

Ⓐ Ⓑ Ⓒ Ⓓ

GO ON TO THE NEXT PAGE.

模擬テスト 3

PART I

CD-2 ㉖

5.

Ⓐ Ⓑ Ⓒ Ⓓ

6.

Ⓐ Ⓑ Ⓒ Ⓓ

写真描写問題

7.

Ⓐ Ⓑ Ⓒ Ⓓ

8.

Ⓐ Ⓑ Ⓒ Ⓓ

GO ON TO THE NEXT PAGE.

模擬テスト 3

65

PART I

9.

Ⓐ Ⓑ Ⓒ Ⓓ

10.

Ⓐ Ⓑ Ⓒ Ⓓ

PART II : 応答問題 CD-2 ㉙

Directions: You will hear a question or statement and three responses spoken in English. They will be spoken only one time and will not be printed in your test book. Select the best response to the question or statement and mark the letter (A), (B), or (C) on your answer sheet.

CD-2 ㉚~㉞

11. Mark your answer on your answer sheet.   Ⓐ Ⓑ Ⓒ

12. Mark your answer on your answer sheet.   Ⓐ Ⓑ Ⓒ

13. Mark your answer on your answer sheet.   Ⓐ Ⓑ Ⓒ

14. Mark your answer on your answer sheet.   Ⓐ Ⓑ Ⓒ

15. Mark your answer on your answer sheet.   Ⓐ Ⓑ Ⓒ

GO ON TO THE NEXT PAGE.

PART II

CD-2 ㉟〜㊴

16. Mark your answer on your answer sheet.　　Ⓐ Ⓑ Ⓒ

17. Mark your answer on your answer sheet.　　Ⓐ Ⓑ Ⓒ

18. Mark your answer on your answer sheet.　　Ⓐ Ⓑ Ⓒ

19. Mark your answer on your answer sheet.　　Ⓐ Ⓑ Ⓒ

20. Mark your answer on your answer sheet.　　Ⓐ Ⓑ Ⓒ

CD-2 ㊵〜㊹

21. Mark your answer on your answer sheet.　　Ⓐ Ⓑ Ⓒ

22. Mark your answer on your answer sheet.　　Ⓐ Ⓑ Ⓒ

23. Mark your answer on your answer sheet.　　Ⓐ Ⓑ Ⓒ

24. Mark your answer on your answer sheet.　　Ⓐ Ⓑ Ⓒ

25. Mark your answer on your answer sheet.　　Ⓐ Ⓑ Ⓒ

応答問題

CD-2 ㊺〜㊾

26. Mark your answer on your answer sheet. Ⓐ Ⓑ Ⓒ

27. Mark your answer on your answer sheet. Ⓐ Ⓑ Ⓒ

28. Mark your answer on your answer sheet. Ⓐ Ⓑ Ⓒ

29. Mark your answer on your answer sheet. Ⓐ Ⓑ Ⓒ

30. Mark your answer on your answer sheet. Ⓐ Ⓑ Ⓒ

CD-2 ㊿〜㊽

31. Mark your answer on your answer sheet. Ⓐ Ⓑ Ⓒ

32. Mark your answer on your answer sheet. Ⓐ Ⓑ Ⓒ

33. Mark your answer on your answer sheet. Ⓐ Ⓑ Ⓒ

34. Mark your answer on your answer sheet. Ⓐ Ⓑ Ⓒ

35. Mark your answer on your answer sheet. Ⓐ Ⓑ Ⓒ

GO ON TO THE NEXT PAGE.

模擬テスト 3

PART II

CD-2 55~59

36. Mark your answer on your answer sheet.   Ⓐ Ⓑ Ⓒ

37. Mark your answer on your answer sheet.   Ⓐ Ⓑ Ⓒ

38. Mark your answer on your answer sheet.   Ⓐ Ⓑ Ⓒ

39. Mark your answer on your answer sheet.   Ⓐ Ⓑ Ⓒ

40. Mark your answer on your answer sheet.   Ⓐ Ⓑ Ⓒ

PART III : 会話問題 CD-2 ⓶

Directions: You will hear some conversations between two people. You will be asked to answer three questions about what the speakers say in each conversation. Select the best response to each question and mark the letter (A), (B), (C), or (D) on your answer sheet. The conversations will be spoken only one time and will not be printed in your test book.

CD-2 ⓷

41. What does the man imply?

    (A) The estimates aren't in yet.
    (B) He hasn't looked at the estimates.
    (C) The project looks costly.
    (D) The project started in the morning.

    Ⓐ Ⓑ Ⓒ Ⓓ

42. What would the woman like to do?

    (A) Get some receipts
    (B) Get a total figure
    (C) Get higher estimates
    (D) Get lower estimates

    Ⓐ Ⓑ Ⓒ Ⓓ

43. What did the accountant say?

    (A) She will bring some things over to the building.
    (B) She can lower all the costs for the building.
    (C) Some of the buildings will have to come down.
    (D) Only building prices can be made cheaper.

    Ⓐ Ⓑ Ⓒ Ⓓ

GO ON TO THE NEXT PAGE.

PART III

CD-2 62

44. What did the former employee claim?
    (A) He was paid unfairly.
    (B) He was hired unfairly.
    (C) He was fired unfairly.
    (D) He was working overtime unfairly.

    Ⓐ Ⓑ Ⓒ Ⓓ

45. What was the employee's basis for his claim?
    (A) He said he was treated badly because he's too young.
    (B) He said he was treated badly because he's older.
    (C) He said he was treated badly because he was late all the time.
    (D) He said he was treated badly because he's an advanced worker.

    Ⓐ Ⓑ Ⓒ Ⓓ

46. What will the company most likely do about the employee's grievance?
    (A) Challenge it
    (B) Dismiss him
    (C) Pay a settlement
    (D) Ignore it

    Ⓐ Ⓑ Ⓒ Ⓓ

会話問題

CD-2 63

47. What does the woman want to do?
    (A) Help David with the budget report on Monday
    (B) Write a budget report before Monday
    (C) Turn in the budget report on Monday
    (D) Receive the budget report before Monday

    Ⓐ Ⓑ Ⓒ Ⓓ

48. What does David want the woman to do?
    (A) Convert the file to an e-mail attachment
    (B) Make an additional file
    (C) Check the numbers on the file
    (D) Input the data into his computer

    Ⓐ Ⓑ Ⓒ Ⓓ

49. What will David probably do next?
    (A) Receive an e-mail attachment from the woman
    (B) Send the file to the woman
    (C) Give the report to the manager
    (D) Check the figures on the file

    Ⓐ Ⓑ Ⓒ Ⓓ

模擬テスト **3**

GO ON TO THE NEXT PAGE.

PART III

CD-2 64

50. What are the speakers discussing?
    (A) The lack of jobs
    (B) The economic state of the nation
    (C) Dismal weather forecasts
    (D) The global economy

    Ⓐ Ⓑ Ⓒ Ⓓ

51. What does the woman think?
    (A) There is domestic demand-led growth.
    (B) Domestic demand is faltering.
    (C) The world is demanding growth.
    (D) Domestic growth is affecting interest rates.

    Ⓐ Ⓑ Ⓒ Ⓓ

52. What does the man say about the unemployment rate?
    (A) The economy is helping it fall.
    (B) There is good news.
    (C) It's going up.
    (D) It's going down.

    Ⓐ Ⓑ Ⓒ Ⓓ

会話問題

CD-2 ㊺

53. What does the woman want to know?
   (A) If the man wants to contribute money to her IRA
   (B) If the man's IRA will count as income this tax year
   (C) If the man's company puts money into his retirement account
   (D) If the man has a pension plan with his company

   Ⓐ Ⓑ Ⓒ Ⓓ

54. What does the woman's company offer?
   (A) Cash contributions to her IRA four times a year
   (B) Contributions to her IRA with company stock
   (C) Cash contributions to her IRA on a monthly basis
   (D) Contributions to her company stock

   Ⓐ Ⓑ Ⓒ Ⓓ

55. What doesn't the man know?
   (A) If his pension plan is subject to high taxes depending on his income
   (B) If some companies contribute cash to pension plans monthly
   (C) If his pension plan's stock dividends will not count as income
   (D) If the woman's company gives her any tax breaks

   Ⓐ Ⓑ Ⓒ Ⓓ

GO ON TO THE NEXT PAGE.

PART III

CD-2 66

56. Why hasn't the man seen the general manager?
    (A) He is on sick leave.
    (B) He quit his job.
    (C) He moved to another office.
    (D) He is on vacation.

    Ⓐ Ⓑ Ⓒ Ⓓ

57. When will the general manager return?
    (A) In several days
    (B) After vacation
    (C) In a few weeks
    (D) in one week

    Ⓐ Ⓑ Ⓒ Ⓓ

58. What did the general manager do?
    (A) He injured his back while he was on vacation.
    (B) He put the file cabinet back in his room.
    (C) He injured his back while moving to another room.
    (D) He hurt his back while moving a cabinet.

    Ⓐ Ⓑ Ⓒ Ⓓ

会話問題

CD-2 ㊲

59. Where are the speakers talking?
   (A) In a café
   (B) At a bus station
   (C) At a taxi stand
   (D) In an airport

Ⓐ Ⓑ Ⓒ Ⓓ

60. Why can't the man and woman make the meeting?
   (A) Their flight will not take off.
   (B) They're on a baseball ground.
   (C) They're at a teleconference.
   (D) They don't know how to make one.

Ⓐ Ⓑ Ⓒ Ⓓ

61. What will the man do next?
   (A) Have a teleconference
   (B) Phone the secretary
   (C) Go to the airport counter
   (D) Call and make flight arrangements

Ⓐ Ⓑ Ⓒ Ⓓ

GO ON TO THE NEXT PAGE.

PART III

CD-2 68

62. Why is the manager hesitating to hire Ms. Waring?
    (A) Because she is hoping to work on a part-time basis.
    (B) Because he can't agree with what she wants on the contract.
    (C) Because she is the ideal candidate.
    (D) Because he is not impressed with her résumé.

    Ⓐ Ⓑ Ⓒ Ⓓ

63. What does Ms. Waring want?
    (A) More holidays abroad and a new dentist
    (B) More vacation time and paid visits to the dentist
    (C) More pay for working on holidays and dental pay
    (D) To be promoted to a dentist and get more holidays

    Ⓐ Ⓑ Ⓒ Ⓓ

64. What does the man imply?
    (A) Ms. Waring isn't asking for too much.
    (B) He hasn't negotiated a contract yet.
    (C) He would like the same benefits.
    (D) Ms. Waring has the same contract that he does.

    Ⓐ Ⓑ Ⓒ Ⓓ

会話問題

CD-2 ㊱

65. What does the man want to know?
   (A) Why the government would stop the sale
   (B) If the woman had heard the news
   (C) If the woman has heard of Zeal Corporation
   (D) Why Jarvis is monopolizing the industry

66. Why did the government stop the sale of the corporation?
   (A) To stop the corporation from buying tech items
   (B) To make the buyer monopolize the tech industry
   (C) To stop the buyer from taking over the tech industry
   (D) To make it invest in the tech market

67. What does the woman think about the government?
   (A) It is overestimating its own power.
   (B) It is monopolizing the tech industry.
   (C) It thinks too much of Jarvis Corporation.
   (D) It is helping the tech sector immensely.

GO ON TO THE NEXT PAGE

PART III

CD-2 70

68. What are the speakers discussing?
    (A) A better version of old video editing software
    (B) A beta version of software to make websites
    (C) A full version of video editing software
    (D) A trial version of video editing software

    Ⓐ Ⓑ Ⓒ Ⓓ

69. What will the man do next?
    (A) Throw out the instructions for the software
    (B) Go to the site and download the software
    (C) Try to buy a lot of software online
    (D) Release a better version of his software

    Ⓐ Ⓑ Ⓒ Ⓓ

70. How long can the man use the software?
    (A) One month
    (B) One day
    (C) One hour
    (D) A few minutes

    Ⓐ Ⓑ Ⓒ Ⓓ

PART IV : 説明文問題 CD-2 ⑦①

Directions: You will hear some short talks given by a single speaker. You will be asked to answer three questions about what the speaker says in each short talk. Select the best response to each question and mark the letter (A), (B), (C), or (D) on your answer sheet. The talks will be spoken only one time and will not be printed in your test book.

CD-2 ⑦②

71. What is the purpose of this speech?

    (A) To introduce judges in a poetry contest
    (B) To ask young poets to read their poems on stage
    (C) To introduce a poetry contest for youth
    (D) To announce the winner of a poetry contest

    Ⓐ Ⓑ Ⓒ Ⓓ

72. What does the speaker say about the judges?

    (A) They are sitting to her right.
    (B) They have judged only the top ten poems.
    (C) They will read the winning poem on stage.
    (D) Their poetry has been in books or magazines.

    Ⓐ Ⓑ Ⓒ Ⓓ

73. What is the first prize in the contest?

    (A) A tour of the Institute of Language Arts
    (B) A full course meal at a top restaurant
    (C) Financial aid for school
    (D) A publishing contract

    Ⓐ Ⓑ Ⓒ Ⓓ

GO ON TO THE NEXT PAGE.

PART IV

CD-2 73

74. Where is this announcement taking place?
    (A) At an Internet café
    (B) At an airport
    (C) In an airplane
    (D) In an office

    Ⓐ Ⓑ Ⓒ Ⓓ

75. What does the speaker say about those with laptop computers?
    (A) They can access the Internet from the back of their seats.
    (B) They can access the Internet from the arm of their seats.
    (C) They can access the Internet from the back of the seat in front of them.
    (D) They can access the Internet from the front of the seat in back of them.

    Ⓐ Ⓑ Ⓒ Ⓓ

76. What will the speaker do soon?
    (A) Go on a cruise
    (B) Turn off a sign
    (C) Ask a flight attendant for help
    (D) Access the Internet

    Ⓐ Ⓑ Ⓒ Ⓓ

説明文問題

CD-2 74

77. Where is this talk taking place?
    (A) On a ship
    (B) In a taxi
    (C) In a train
    (D) On a bus

78. What will visitors do before lunch?
    (A) Go souvenir shopping
    (B) Visit a nearby zoo
    (C) See the museum
    (D) Witness the waterfalls

79. What time of day is this talk being made?
    (A) Late afternoon
    (B) Evening
    (C) Morning
    (D) Early afternoon

GO ON TO THE NEXT PAGE.

PART IV

CD-2 ⑦⑤

80. What is happening on Sunday?
    (A) Robert is having a gathering at a restaurant.
    (B) Robert is going to take Shiela to his place.
    (C) Robert and Shiela will move in together.
    (D) Robert is having a party.

    Ⓐ Ⓑ Ⓒ Ⓓ

81. How do you get to Junction 55?
    (A) Go down Sather Lane
    (B) Go to the first intersection
    (C) Make a left at Marina Parkway
    (D) Take Highway 1

    Ⓐ Ⓑ Ⓒ Ⓓ

82. What kind of street is Sather Lane?
    (A) A three-lane freeway
    (B) A two-way street
    (C) A four-lane highway
    (D) A one-way street

    Ⓐ Ⓑ Ⓒ Ⓓ

説明文問題

CD-2 76

83. What percentage of those surveyed said they would like to see the product in convenience stores?
    (A) 85 percent
    (B) 61 percent
    (C) 73 percent
    (D) 20 percent

　　　　　　　　　　　　　　Ⓐ Ⓑ Ⓒ Ⓓ

84. What percentage of those surveyed said it didn't make a difference where the product is sold?
    (A) 85 percent
    (B) 25 percent
    (C) 73 percent
    (D) 20 percent

　　　　　　　　　　　　　　Ⓐ Ⓑ Ⓒ Ⓓ

85. What would the speaker like to see get higher?
    (A) The percentage of people who have opinions on the product
    (B) The number of revisions made to the product
    (C) The percentage of people who want a reasonably priced product
    (D) The number of people who recommend the product

　　　　　　　　　　　　　　Ⓐ Ⓑ Ⓒ Ⓓ

GO ON TO THE NEXT PAGE.

PART IV

CD-2 ⑰

86. What are the high temperatures expected to be today?
    (A) In the high 50s
    (B) In the low 50s
    (C) In the high 30s
    (D) In the low 30s

    Ⓐ Ⓑ Ⓒ Ⓓ

87. What will make the temperature drop tomorrow?
    (A) Cold precipitation
    (B) The wind
    (C) Light snow
    (D) Cloudy skies

    Ⓐ Ⓑ Ⓒ Ⓓ

88. What will happen on Friday?
    (A) Wind speeds will be 10 miles per hour.
    (B) It will rain harder.
    (C) The rain will lessen gradually.
    (D) There will be two inches of precipitation.

    Ⓐ Ⓑ Ⓒ Ⓓ

説明文問題

CD-2 ㊆

89. What is the main purpose of this talk?
    (A) To propose a successful business plan
    (B) To announce state-of-the-art machines
    (C) To outline secure IT infrastructure plans
    (D) To introduce services and devices for businesses

    Ⓐ Ⓑ Ⓒ Ⓓ

90. What does the company offer for difficult IT problems?
    (A) Commercial grade machines
    (B) Low-cost network upgrades
    (C) On-site support
    (D) Services over the web

    Ⓐ Ⓑ Ⓒ Ⓓ

91. How can someone get more information about TechNet's services?
    (A) Go to the nearest center
    (B) Call the closest branch
    (C) Dispatch a fax to the nearest location
    (D) Access remote support services on the web

    Ⓐ Ⓑ Ⓒ Ⓓ

GO ON TO THE NEXT PAGE.

PART IV

CD-2 79

92. What is the main purpose of this speech?
    (A) To tell people about who designed the first computer program
    (B) To encourage women to get into a particular profession
    (C) To teach women little-known historical facts
    (D) To introduce a female computer programmer

    Ⓐ Ⓑ Ⓒ Ⓓ

93. What does the speaker say about her profession?
    (A) She was encouraged by others to do it.
    (B) She was told by a woman to try it.
    (C) She is at the forefront of it.
    (D) She was inspired by history to do it.

    Ⓐ Ⓑ Ⓒ Ⓓ

94. What will the speaker do next?
    (A) Ask some questions
    (B) Answer questions
    (C) Write down requests
    (D) Inquire about jobs

    Ⓐ Ⓑ Ⓒ Ⓓ

説明文問題

CD-2 80

95. What does the speaker say about the Latin American economy?
    (A) It fell by 10 percent.
    (B) It is spurring growth in Argentina.
    (C) It fell by 0.8 percent.
    (D) Argentina is draining the world's economy.

    Ⓐ Ⓑ Ⓒ Ⓓ

96. What happened to Schafer Pharmaceuticals?
    (A) Its stock rose to 2 percent.
    (B) Its stock rose by 10 percent.
    (C) Its stock rose to 10 percent.
    (D) Its stock rose by 2 percent.

    Ⓐ Ⓑ Ⓒ Ⓓ

97. What has been canceled?
    (A) Political news
    (B) Entertainment news
    (C) The weather report
    (D) Special programming

    Ⓐ Ⓑ Ⓒ Ⓓ

GO ON TO THE NEXT PAGE.

PART IV

CD-2 ⑧①

98. What is the main topic of this talk?
    (A) How to start your own business
    (B) How to have confidence in your current job
    (C) How to change your mind about things
    (D) How to get a good job in the food industry

    Ⓐ Ⓑ Ⓒ Ⓓ

99. What will the speaker show the seminar attendees?
    (A) Ways to impress their bosses
    (B) Ways to change their business attitude
    (C) How to examine food products and related businesses
    (D) How to provide investors with a sound business plan

    Ⓐ Ⓑ Ⓒ Ⓓ

100. What will the attendees learn to do?
    (A) How to shop for business in the market
    (B) How to make a solid business plan
    (C) How to go over successful business models
    (D) How to label well-structured business plans

    Ⓐ Ⓑ Ⓒ Ⓓ

語学を学ぶ楽しさを発見！Jリサーチ出版の "ゼロからスタート" シリーズ

だれにでも覚えられるゼッタイ基礎ボキャブラリー
ゼロからスタート 英単語 BASIC1400 (CD2枚付)
1冊で実用英語の基本語を全てカバー。例文は日常会話でそのまま使えるものばかり。CDは見出し語を英語で、意味を日本語で、例文を英語で収録。
成重 寿・妻鳥 千鶴子 共著　A5変型／定価1470円(税込)

だれにでもわかる6つの速読テクニック
ゼロからスタート リーディング (CD付)
学校では教えてくれない速読テクニックを初めての学習者のために親切に解説。
CDは聞くだけでリーディングの学習ができる。
成重 寿著　A5判／定価1470円(税込)

だれにでも話せる基本フレーズ50とミニ英会話45
ゼロからスタート 英会話 (CD付)
英会話を基礎から学習するために、ファンクション別に50の基本フレーズを、場面別に45のミニ英会話をマスターできる。CDには日本語で講義を、英語で例文を収録。
妻鳥 千鶴子 著　A5判／定価1470円(税込)

だれにでもわかる英作文の基本テクニック
ゼロからスタート ライティング (CD付)
日本語を英文に書くためのプロセスを親切に解説。
スタイル編とテクニック編の2部構成。
CDには日本語講義と英語例文を収録。
魚水 憲著　A5判／定価1470円(税込)

だれにでもわかる鬼コーチの英語講義
ゼロからスタート 英文法 (CD付)
実用英語に必要な英文法をカリスマ講師の講義スタイルでやさしく解説。文法用語にふりがな付き。CDは聞くだけで英文法の総復習ができるように解説と例文を収録。
安河内 哲也 著　A5判／定価1470円(税込)

毎日10分の書き取り練習がリスニング力を驚異的に向上させる
ゼロからスタート ディクテーション (CD付)
リスニング力を向上させるには量より質。自分の理解できる英語を1日10分、集中して書き取る練習がリスニング力を驚異的に飛躍させる。
宮野 智靖著　A5判／定価1470円(税込)

だれにでもできる英語の耳づくりトレーニング
ゼロからスタート リスニング (CD付)
英語リスニング入門者のために書かれた、カリスマ講師によるトレーニングブック。英語が"聞き取れない耳"を"聞き取れる耳"へ改造してしまう1冊。CDには日本語で講義を、英語で例文・エクササイズを収録。
安河内 哲也 著　A5判／定価1470円(税込)

だれにでもできるとっておきの「英語の耳&口」トレーニング
ゼロからスタート シャドーイング (CD付)
話す力とリスニング力を同時に伸ばす究極のトレーニング。やさしい単語シャドーイングから最後はニュース英語までレベルアップできる構成。日常語、基本構文、会話表現も身につく。
宮野 智靖著　A5判／定価1470円(税込)

問題集

精選300問で基礎英文法を完全マスター！
ゼロからスタート 英文法問題集
英文法攻略は問題を解くことで、しっかり身についたことを確認することができる。英文の仕組みがひと目でわかる別冊解答解説つき。
安河内 哲也 著　A5判／定価1260円(税込)

旅行英会話

10のフレーズに旅単語をのせるだけでOK
単語でカンタン！ 旅行英会話 (CD付)
旅先で必ず使う超カンタンな10フレーズに単語を置き換えれば相手に通じる。
全てのフレーズ・単語にカタカナ・ルビ付。
PRESSWORDS 著　四六判変型／定価1050円(税込)

超入門シリーズ

60の基礎フレーズを覚えればだれでも英語が話せちゃう
すぐに使える 英会話 超入門編 (CD付)
60の基本フレーズをCDによる繰り返し音読練習をすることでスラスラ話せるようになる。発音とリスニング力も上達。大きな文字とイラスト付。70頁なので完全消化できる。
妻鳥 千鶴子 著　B5判／定価630円(税込)

「英語の耳」をつくる7つのとっておきレッスン
ゼロからスタート リスニングの基礎 超入門編 (CD付)
本書は7つのレッスンで、基本的な英語の音を無理なくマスターできる。リスニング学習の入門書として内容・ボリューム・価格とも最適。
妻鳥 千鶴子 著　B5判／定価630円(税込)

英語学習法

英語を絶対マスターしたい人のための学習ガイド
安河内 哲也の 英語学習スタートブック (CD付)
カリスマ講師・安河内哲也先生が書いた英語勉強法。先生自身の言葉によって語りかける目からウロコの英語学習メソッドや豊富なトレーニングメニューを紹介。
安河内 哲也 著　B5判／定価840円(税込)

ビジネス英語

ネイティブにきちんと伝わる
ビジネス英語 会話編 (CD付)
シンプルなのにそのままネイティブに通用するフレーズ108を厳選。自己紹介・電話から接遇・出張まで、全7シーンを収録。ポイント解説で、さらに使える応用表現もしっかりマスター。実際のビジネスに役立つコラムも掲載。
松井こずえ 著　A5判／定価1680円(税込)

英　検

合格必勝のための徹底対策書！
英検準2級 学習スタートブック (CD付)
合格のための対策メニューがひと目でわかりやすい。準2級のレベルと出題パターンを徹底解説。問題パターン別にポイントをおさえた徹底攻略公式60を完全マスター。別冊完全模試1回分と二次試験対策つき。
入江 泉著　B5判／定価840円(税込)

合格必勝のための学習徹底対策書！
英検2級 学習スタートブック (CD付)
徹底攻略ポイント25では出題の傾向と対策、そして正答のコツを、例題を解きながら具体的に伝授。別冊で完全模擬試験付。2次試験対策も収録。
入江 泉著　B5判／定価840円(税込)

Jリサーチ出版の 新TOEIC® TEST 関連書

ハイスコアをとるために New Version対応

TOEIC is a registered trademark of Educational Testing Service (ETS). This publication is not endorsed or approved by ETS.

ステップ1 試験を知り、戦略を立てる
ワンポイントアドバイス：テスト形式を知り学習計画を立てよう

はじめて受ける人のための全パート・ストラテジー
新TOEIC® TEST 総合スピードマスター入門編 （CD付）
新テスト7つのパートの全貌をピンポイント解法でわかりやすく伝授。模擬試験1回分つき。正解・解説は別冊。
成重 寿／ビッキー・グラス／柴山かつの 共著　定価 1470円（税込）

はじめて受ける人のためのとっておき学習ガイド
新TOEIC® TEST 学習スタートブック　ゼッタイ基礎攻略編 （CD付）
TOEICテスト対策の「3ヶ月学習プラン」と「スコアアップできるゼッタイ攻略公式」がひと目でわかる。模擬試験1回分付。
柴山かつの 著　定価 840円（税込）

ステップ2 頻出単語をマスターしよう
ワンポイントアドバイス：オフィス英語の攻略が決め手

7つの戦略で効率的に完全攻略 頻出3000語
TOEIC® TEST 英単語スピードマスター （CD2枚付）
TOEICテスト全分野の頻出語彙3000語をTOEICスタイルの例文でマスターできる。CD2枚でリスニングにも対応。
成重 寿著　定価 1470円（税込）

頻出の最重要語を7日間で完全チェック 問題530問
TOEIC® TEST 英単語スピードマスター問題集 （CD付）
TOEICによく出る最重要語を7日間で効率的にチェックできる。530問をCDに収録。問題文は「英単語スピードマスター」に準拠。
成重 寿／ビッキー・グラス 共著　定価 1470円（税込）

5つの戦略で効率的に完全攻略頻出1400熟語
TOEIC® TEST 英熟語スピードマスター （CD2枚付）
TOEICに特徴的な英熟語を1000語に絞り込み、それを4つのレベル別に収録。頻出会話表現100もあわせてCD2枚に例文を収録。
成重 寿／ビッキー・グラス 共著　定価 1470円（税込）

ステップ3 分野別に攻略しよう　リスニング・英文法・リーディング
ワンポイントアドバイス：自分の苦手分野を知りじっくり取り組もう

はじめての受験から730点をめざせ！
TOEIC® TEST リスニングベーシックマスター （CD付）
Part1〜4で確実に得点できる8つの基本戦略をポイント解説。重要ボキャブラリーと模試（ハーフ50問）を収録。
妻鳥千鶴子・松井こずえ・Philip Griffin 共著　定価 1575円（税込）

はじめての受験から730点をめざせ！
TOEIC® TEST 英文法・語彙ベーシックマスター
11の基本戦略でPart5&6の攻略のコツがしっかりわかる。出題傾向を徹底的に分析し、頻出語彙と問題パターンを厳選収録。
宮野 智靖著　定価 1470円（税込）

はじめての受験から730点をめざせ！
TOEIC® TEST リーディングベーシックマスター
7つの基本戦略でPart7（読解問題）攻略のコツがしっかりわかる。時間戦略、問題の取捨、速読法など、実践的なノウハウも伝授。
成重 寿・Vicki Glass 共著　定価 1470円（税込）

Part 5&6頻出問題形式の徹底練習で900点をめざす
新TOEIC® TEST 英文法・語彙スピードマスター
最新の出題傾向に徹底対応。攻略法と学習ポイントがわかりやすい。練習問題の解答解説は図解入りと巻末に模擬テスト付き。
安河内 哲也 著　定価 1470円（税込）

1日2解法ピンポイント集中攻略で900点をめざす
新TOEIC® TEST リスニングスピードマスター （CD付）
リスニングパート別出題スタイル対策を20の解法でマスター。10日間学習プログラムで構成。一般リスニング学習書としても最適。
成重 寿著　定価 1575円（税込）

48問48分　PartVII 全問解答で900点をめざす
新TOEIC® TEST リーディングスピードマスター
試験に出る5つの問題スタイル解法を知ることで全問解答できる。訳読式から情報サーチ型の解法を身につける。
成重 寿著　定価 1470円（税込）

ステップ4 出題パターンに慣れる――問題を多く解こう
ワンポイントアドバイス：解答時間にこだわろう

本番のリアルな雰囲気で3回挑戦できる！
新TOEIC® TEST スピードマスター完全模試 （CD3枚付）
模擬試験3回分と詳しい解説つき。本試験と同じ問題文のレイアウト。模擬試験1回分にCD1枚対応だからCDをかければそのままテスト時間がスタート。
ビッキー・グラス 著 A4判／定価 1890円（税込）

最新頻出語彙と出題パターンを完全マスター
TOEIC® TEST 完全模試W （CD2枚付）
最新の出題傾向を徹底分析。本番さながらの完全模擬試験全パート2回分を収録。スコアアップに直結する20のテクニックや最頻出語彙も掲載。
宮野智靖 監修／森川美貴子 著　定価 1470円（税込）

Part 1〜4 スピードマスター900点をめざす
新TOEIC® TEST リスニング問題集 （CD2枚付）
リスニングセクションPart1〜4の実戦対策問題集。完全模試3回分を実践できる。詳しい解説で解答プロセスがはっきりわかる。
ビッキー・グラス 著　定価 1680円（税込）

Part 7 スピードマスター900点をめざす
新TOEIC® TEST リーディング問題集
Part7の様々なタイプの文章をマスターするための1冊。4回分の模擬テストと解法プロセスが見える詳しい解説を掲載。
成重 寿著　定価 1470円（税込）

Part 5&6 スピードマスター900点をめざす
新TOEIC® TEST 英文法・語法問題集
TOEICテストパート5と6を7回分の問題集で完全攻略。解答・解説は別冊。重要単語1000語と頻出項目のまとめつき。
安河内 哲也・魚水 憲 共著　定価 1470円（税込）

ひと目でわかる頻出パターン 730点をめざす！
新TOEIC® TEST 英文法問題集中攻略
安河内 哲也 著　定価 1260円（税込）

7日間完全マスター
新TOEIC® TEST 直前対策模試 （CD付）
柴山かつの 著 B5判／定価 840円（税込）

Jリサーチ出版 〒166-0002 東京都杉並区高円寺北2-29-14-705　TEL. 03-6808-8801　FAX. 03-5364-5310　**全国書店にて好評発売中！**